Cordula Rabe, freie Journalistin und Autorin, lebt an der Costa Blanca. Sie hat bereits diverse Reise- und Wanderführer über verschiedene spanische Regionen verfasst.

Der Hamburger Fotograf **Arthur Selbach** hat eine Vorliebe für Spanien. Für den Bildatlas hat er zuletzt den Titel „Andalusien" fotografiert.

Liebe Leserinnen, liebe Leser!

Haben Sie es sich auch schon mal gewünscht, es einfach so zu machen wie Hape Kerkeling es in seinem Buch „Ich bin dann mal weg" beschreibt, aufzubrechen zu einer Wanderung oder Pilgerreise auf dem Jakobsweg? Wochenlang unterwegs zu sein, nicht nur auf dem Weg nach Santiago de Compostela, sondern vielleicht auch auf dem Weg zu sich selbst?

Pilgern im Zeichen der Jakobsmuschel

2010 ist ein „Heiliges Jahr" (als solche gelten die Jahre, in denen der Festtag des hl. Jakobus, der 25. Juli, auf einen Sonntag fällt). In Heiligen Jahren steigt die Zahl der Pilger auf dem Jakobsweg immer dramatisch an. Aber auch sonst sind Jahr für Jahr mehr Pilger auf dem Jakobsweg in Spanien unterwegs. Waren es 2000 rund 55000 Pilger, so hat sich diese Zahl bis 2009 nahezu verdreifacht. In der Hauptsaison ist es vielerorts schwierig, überhaupt noch eine Übernachtungsmöglichkeit zu finden. Unsere Autorin Cordula Rabe, die alle Routen des Jakobsweges bestens kennt, empfiehlt daher die Alternativstrecke auf dem Nordweg entlang der Atlantikküste (s. S. 106). Übrigens auch für Autofahrer eine attraktive Reiseroute.

Zum schönsten Strand der Welt

Natürlich begeistert Spaniens Norden nicht nur Pilger und Wanderer. Herausragende Sehenswürdigkeiten wie das Guggenheim-Museum in Bilbao oder die Höhlenmalereien von Altamira locken ebenso wie grandiose Landschaften. Und wenn Sie im Sommer an der nordspanischen Küste unterwegs sind, empfehle ich Ihnen den „schönsten Strand der Welt" (laut der britischen Zeitschrift „The Guardian", s. S. 99): die Praia das Rodas auf den Cíes-Inseln vor der Küste von Vigo. Feiner weißer Sand und türkisblaue Buchten lassen hier wahrlich karibisches Flair aufkommen, zumindest so lange man sich nicht ins kühle Nass begibt.
Herzlich Ihre

Birgit Borowski
Programmleiterin DuMont Bildatlas

DuMont Thema

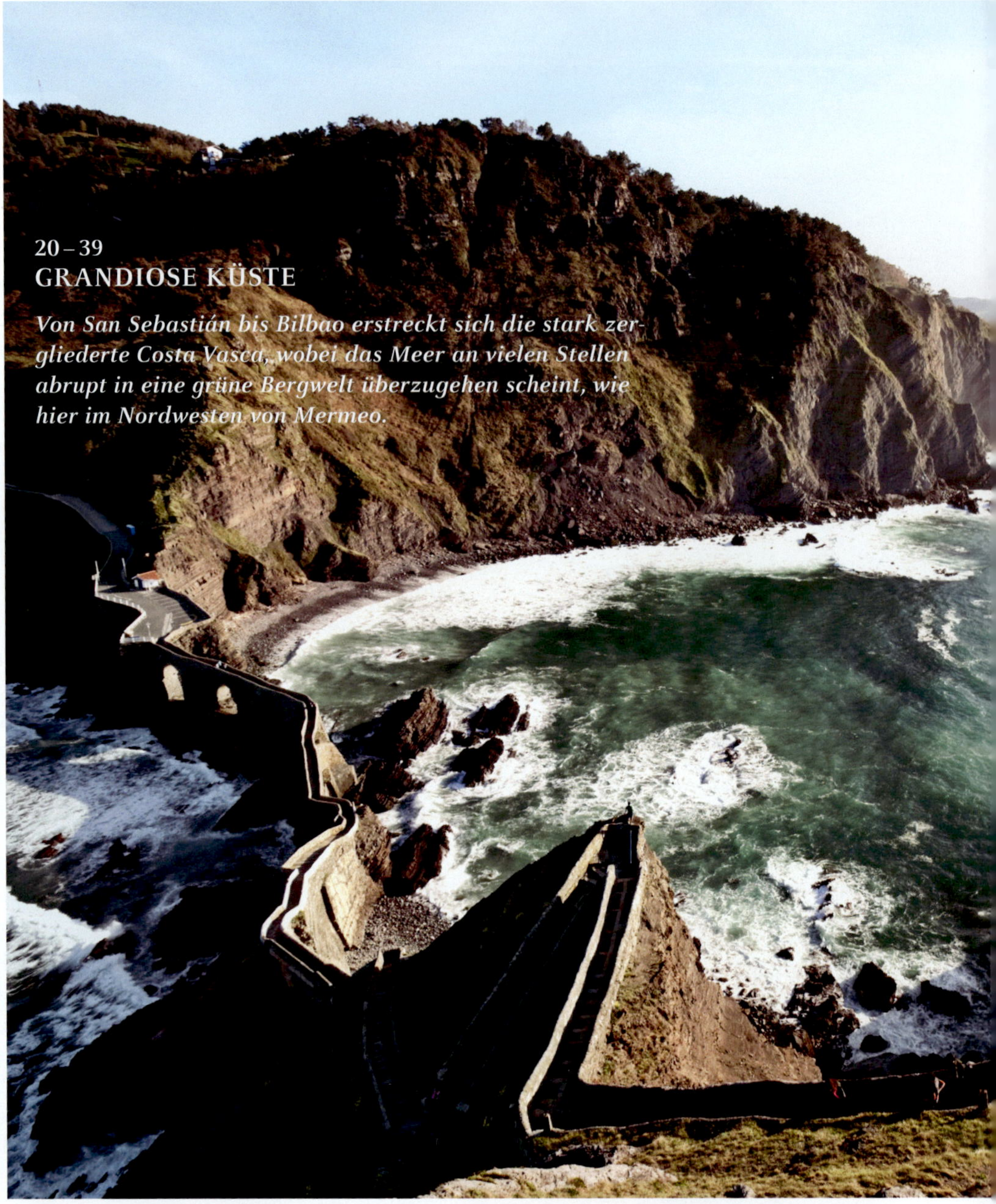

DuMont Thema

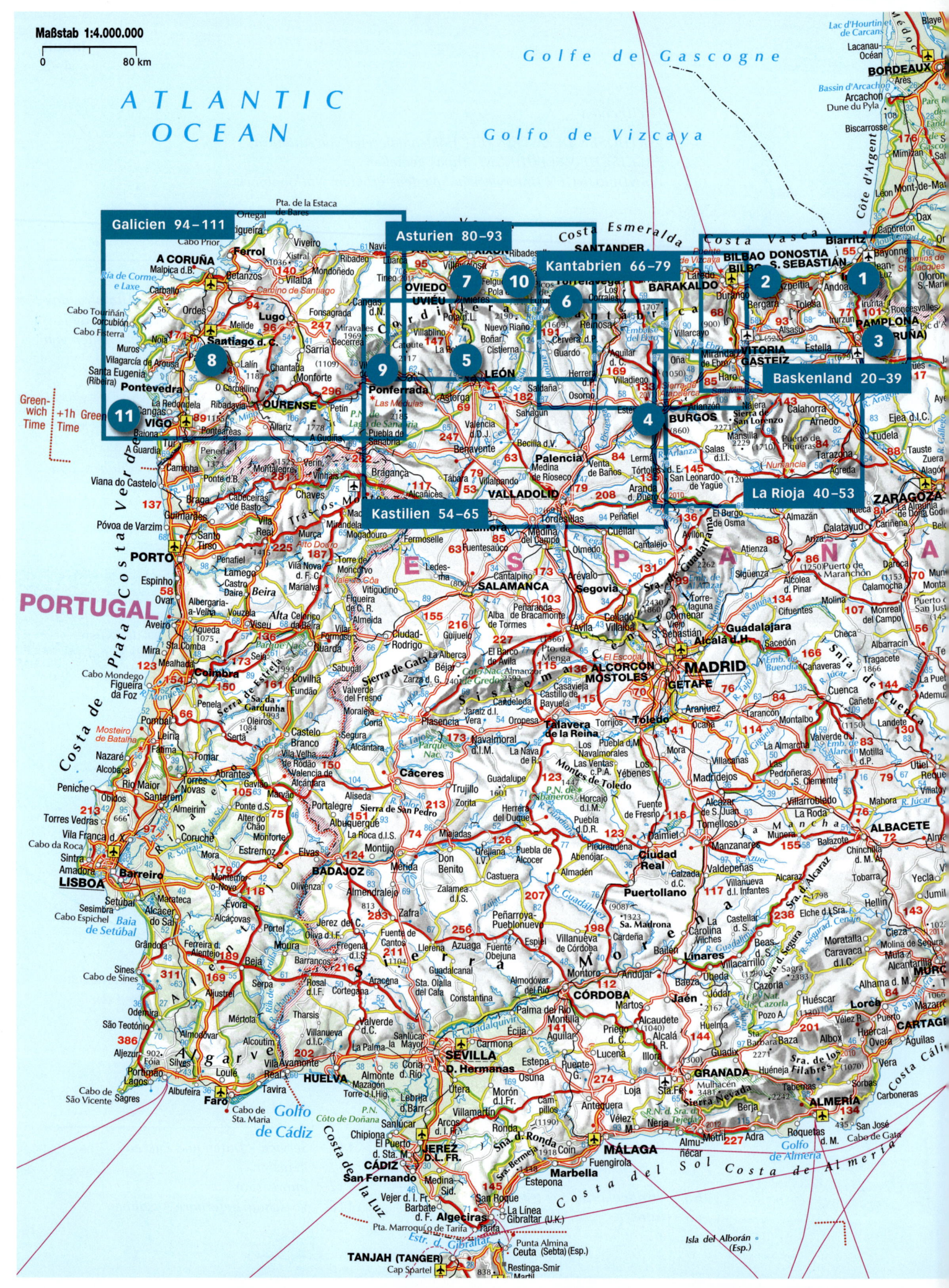

Topziele

Die bedeutendsten Sehenswürdigkeiten Nordspaniens sowie Erlebnisse, die Sie keinesfalls versäumen dürfen, haben wir auf dieser Seite für Sie zusammengestellt. Auf den Infoseiten ist das jeweilige Highlight als ▶ TOPZIEL gekennzeichnet.

KULTUR

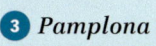

NATUR

BAHIA DE LA CONCHA, SAN SEBASTIÁN

Wahrhaft „königlich" zeigt sich das aus einer baskischen Fischersiedlung entstandene San Sebastián vom Aussichtsberg Monte Igeldo aus. Von hier oben aus lässt sich leicht nachvollziehen, warum die Bahia de la Concha, die Muschelbucht, ihren Namen hat – und angesichts dieses vielleicht schönsten Buchtpanoramas in ganz Spanien kann man ebenso gut nachvollziehen, warum das spanische Königshaus schon im 19. Jahrhundert San Sebastián zu seiner Sommerresidenz erkor.

PINTXO-BAR IN DER ALTSTADT VON SAN SEBASTIÁN

Liebe geht bekanntlich durch den Magen. Und weil das so ist, muss man Spanien einfach lieben: Ob „Tapas", wie anderen-orts genannt, oder „Pintxos" wie im Baskenland – die leckeren Appetithäppchen lassen einem das Wasser im Munde zusammenlaufen. Besonders schön an ihnen ist, dass sie so klein sind. Da kann man sich der Illusion hingeben, ja „kaum was gegessen" zu haben. Schön ist aber auch, dass das Angebot so groß und vielfältig ist. Da kann man doch noch eins – und noch eins und noch eins – probieren.

LA RIOJA: EBROSCHLEIFE ZWISCHEN BAÑOS DEL EBRO UND SAN VICENTE DE LA SONSIERRA

Wo vor rund 120 Millionen Jahren Dinosaurier schweren Schrittes über Feld und Flur stapften, wird heute ein so vorzüglicher Wein angebaut, dass man fragen könnte, ob die Dinos auch dann ausgestorben wären, hätten sie den edlen Tropfen gekannt.

KATHEDRALE VON SANTIAGO DE COMPOSTELA

Die Hauptstadt der Autonomen Gemeinschaft Galicien ist seit fast 1200 Jahren Sehnsuchtsziel für Millionen von Pilgern aus aller Welt; genauer: die Kathedrale mit dem vermeintlichen Grab des Apostels Jakobus.

MUSEO GUGGENHEIM, BILBAO

Dass Spinnen nützliche Tiere sind, weiß man spätestens seit Horst Stern darüber geschrieben hat. Zur Kunst erhoben wurden sie durch Louise Bourgeois, von der die riesige Skulptur (im Bildvordergrund rechts) vor dem Guggenheim-Museum stammt. Gegenüber dem Museumsbau wirkt die aus Bronze und Stahl gefertigte „Spinnenfrau" dennoch winzig, als wolle sie sich klein machen vor dem Kunstanspruch des Frank O. Gehry, der das mit hauchdünnen Titanplatten verkleidete Gebäude seinerseits wie eine riesige, zu den Sternen greifende Skulptur gestaltet hat. Ob man Gehry deshalb gern „Star-Architekt" nennt?

MERCADO DE LA RIBERA, BILBAO

„Ufermarkt" lautet die Übersetzung des Namens der zwischen dem Fluss Nervión und der Altstadt von Bilbao gelegenen Markthalle. Die Fischabteilung ist eine der größten und besten in ganz Spanien, aber auch das Angebot an Obst und Gemüse, Käse, Fleisch und Wurst kann sich sehen (und schmecken) lassen.

Die stolze Ausnahmeerscheinung

Goldgelbe Sandstrände und idyllische Landschaften, abgeschiedene Bergdörfer und moderne Metropolen, archaische Traditionen und avantgardistische Kunst – das Baskenland (baskisch: Euskadi) bietet ein spannendes Miteinander extremer Kontraste auf kleinstem Raum. Sprache und Kultur teilt sich das Baskenland mit dem Norden Navarras. Für die Jakobspilger ist das ehemalige Königreich das Tor nach Spanien.

Von herber Schönheit: die Playa de Laida bei der Mündung des Flusses Oka in den Atlantik

Höhepunkt des baskischen Sportkalenders ist die „Bandera de la Concha", die Ruder-Regatta in der Bucht von San Sebastián in den traditionellen Trainera-Booten (rechts), bei der die ganze Stadt begeistert mitfiebert (unten)

Bahia de la Concha: In der „Muschelbucht" von San Sebastián kann man gut nachvollziehen, warum dieser altehrwürdige Ort auch als „Königin der Seebäder an der Biskaya" bezeichnet wird

Nein, man muss kein König sein, um sich in San Sebastián wohlzufühlen. Es wäre aber wohl ganz behilflich, über die finanziellen Mittel eines Königs zu verfügen, um sich hier niederzulassen

„Man muss dies schöne Küstenland selbst gesehen haben, um sich einen Begriff von der ihm ganz eigentümlichen Lieblichkeit und Frische der Vegetation zu machen."

Wilhelm von Humboldt

Ein Frühlingstag in Zarautz. Die Sonne scheint, ein frischer Wind türmt tosende Wellen auf. Definitiv kein Badewetter. Eher ein Tag, um am warmen Ofen gemütlich Tee zu trinken. Doch Menschen in dicken Neoprenanzügen stürzen sich couragiert auf Surfbrettern in die Fluten, andere stehen in dicken Mänteln vor den Tavernen, lebhaftes Stimmengewirr und der intensive Duft nach gebratenem Fisch hängen in der Luft. So sind sie, die Basken: Vernarrt in die Natur, Sport, Geselligkeit und gutes Essen.

ZWISCHEN MEER UND BERGEN

Ob in den Pyrenäen oder in einem der vielen Naturparks – das Baskenland ist ein Natur- und Wanderparadies par excellence. Trekkingkleidung, Mountainbike, Surfbrett oder andere Sportgeräte scheinen denn auch zur Grundausstattung eines jeden Basken zu gehören. Tobt das Meer vor der Küste, hoffen sie auf die perfekte Welle wie etwa vor Mundaka, wo die beste Linkswelle Europas an Land rollt. Weht irgendwo ein günstiges Lüftlein, schwebt garantiert schon ein Baske am Gleitschirm darin.

Die Basken schätzen die Herausforderung und das Kräftemessen. Armlange Äxte, scharfe Sensen, solide Taue, blitzschnelle Bälle, klobige Steine, selbst die Dichtkunst – alles taugt zum Wettbewerb.

DIE ÄLTESTEN EUROPÄER

Die Basken sind ebenso eigenwillig wie ihre Geschichte. Wilhelm von Humboldt untersuchte als erster die baskische Sprache, das *Euskera*, wissenschaftlich. Deren Wurzeln liegen ebenso im Dunkeln wie die Herkunft der Basken. Als sicher gilt der vorindogermanische Ursprung, eine Verwandtschaft mit anderen westeuropäischen Sprachen besteht nicht. Die Basken selbst bezeichnen sich stolz als die „ältesten Europäer". Über Jahrhunderte bewahrten sie im Schutz der unzugänglichen Geografie ihre Traditionen und Institutionen gegenüber Römern, Mauren und der kastilischen Krone. Während der Franco-Diktatur hatten sie unter besonders scharfen Repressalien zu leiden. Ihre Kultur und Sprache wurden unterdrückt, auf politische und gewerkschaftliche Aktivitäten stand im Extremfall die Todesstrafe. Ab 1959 wehrte sich die ETA (Euskadi Ta Askatasuna – das Baskenland und seine Freiheit) zunächst mit friedlichen Mitteln gegen die Unterdrückung, wenig später begann der bewaffnete Terror. Obwohl noch immer aktiv, hat sie kaum noch Rückhalt in der Bevölkerung. 2009 löste erstmals seit Einführung der Demokratie eine Koalition der beiden Volksparteien PSOE und PP die baskischen Nationalisten (PNV) von der Regierung ab. Deuten die Zeichen auf Wandel und Frieden?

Wer nicht den direkten Weg nach Gernika nimmt, der kann entlang der weniger stark befahrenen Nebenstraßen in Küstennähe manche schöne Entdeckung machen – etwa das kleine Dorf Elantxobe mit seinem winzigen Fischereihafen

Urig: „Tapas-Bar" in der Altstadt von San Sebastián. Allerdings heißen die leckeren Appetithäppchen im Baskenland gar nicht „Tapas" (spanisch: „tapa" = „Deckel"), sondern „Pinchos" (in der baskischen Schreibweise „pintxos"). Das Wasser im Mund zusammenlaufen lassen sie aber so oder so

Auf der Plaza de la Constitución in San Sebastián: Das Zentrum der Altstadt diente früher als Schauplatz für Stierkämpfe – die Balkone an den umstehenden Häusern waren Logenplätze

Txotx! – „O'zapft is" auf Baskisch

Was den Deutschen das Bier, ist den Spaniern die Sidra. Der offizielle Fassanstich Anfang Januar markiert den Saisonbeginn. Dann fließt in den Sidrerías der leicht vergorene Apfelmost hektoliterweise, während zwischen den meterhohen Holzfässern geschmaust, gefeiert und gesungen wird.

Die typische Speisefolge besteht aus Kabeljau-Tortilla, Kabeljau mit Paprika, T-Bone-Steak (in Furcht einflößenden Dimensionen!), Käse mit Quittengelee und Nüssen. Serviert wird auf großen Platten, jeder bedient sich nach Gusto. Sobald der Ruf „Txotx!" (sprich „Tschotsch") ertönt, heißt es, zum Fass eilen und das Glas in den aus dem Hahn schießenden Sidra-Strahl halten. Es wird etwa zwei Finger breit gefüllt, denn nur kurz bewahrt der Apfelmost die durch das schwungvolle Eingießen erlangte Spritzigkeit. Daher auch das permanente Kommen und Gehen zwischen Tischen und Fässern. Da jede Sidra anders schmeckt, lohnt es sich,

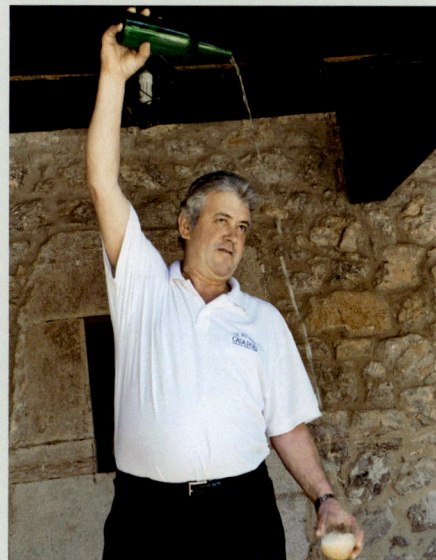

Schäumen muss es, und zwar kräftig

von verschiedenen Fässern zu kosten und sich dann den Favoriten zu merken. Aber Obacht! Obwohl die Sidra nur einen relativ geringen Alkoholgehalt von etwa sechs Prozent hat, entfaltet sie nach einigen „Txotx" durchaus ihre Wirkung!

STADT DES FRIEDENS

Gernika, die „heilige Stadt" der Basken, ist das eindringlichste Symbol der baskischen Identität. Seit dem Mittelalter tagten die Ältestenräte an der Eiche von Gernika. Erst ab dem 19. Jahrhundert zog das Parlament in die „Casa de Juntas" daneben. Die kastilischen Könige mussten „so el árbol", unter dem Baum, die Achtung der baskischen Sonderrechte schwören. Bis heute leistet der baskische Ministerpräsident an der Eiche seinen Amtseid.

Gernika steht aber auch für das schlimmste Kapitel baskisch-deutscher Geschichte: Durch den verheerenden, mit Francos Einverständnis geflogenen, Luftangriff der deutschen Legion Condor am 26. April 1937 wurde es zum Sinnbild für brutales Morden und Zerstören. Noch im selben Jahr stellte Pablo Picasso bei der Weltausstellung in Paris sein anklagendes Gemälde „Guernica" aus. Das Original durfte erst nach Francos Tod nach Spanien zurückkehren. Inzwischen hängt es im Madrider Reina Sofía Museum. Heute versteht sich Gernika als „Ciudad de la Paz", als Stadt des Friedens.

DIE SCHÖNE AN DER MUSCHEL

Wer partout nicht weiß, wohin mit seinem Lottogewinn, dem sei San Sebastián ans Herz gelegt. Schon für ein paar

Wem es zu heiß wird in der Altstadt von Bilbao, dem spenden die Arkaden an der Plaza Nueva Schatten. Wohl die meisten ziehen aber nicht nur dort einen Platz an der Sonne vor

Jardines de Albia: Auch Bilbao hat seine „grünen Seiten"

Nach Entwürfen von Santiago Calatrava wurde die Fußgängerbrücke Zubizuri über die Ría de Bilbao errichtet

Gegenüber dem verspielten Formenreichtum des benachbarten Guggenheim-Museums wirkt der von Rafael Moneo auch im Kontrast dazu entworfene Bibliotheksneubau wie ein Monolith

Millionen Euro ist an der muschelförmigen Bahia de la Concha eine recht ordentliche Vier- bis Fünfzimmerbleibe zu haben. Die Wohngegend zählt zu den exklusivsten Spaniens. Verantwortlich dafür ist Königin Isabell II., die hier Ende des 19. Jahrhunderts auf Anraten ihres Arztes in der gesunden Seeluft kurte. Unter dem Zustrom von Adel und High Society erblühte San Sebastián bald zum mondänen Seebad. Während der Belle Époque und der Goldenen 1920er-Jahre entstanden jene prächtigen Bauten wie das Teatro Victoria Eugenia oder das Hotel María Cristina, die den Vergleich mit Pariser Bauten nicht zu scheuen brauchen.

San Sebastián gilt darüber hinaus als Hochburg des guten Essens. Ob in einem der drei Dreisternerestaurants im näheren Umkreis oder, ganz authentisch und entspannt, in den traditionellen Fischres-

In der Altstadt mit ihren vielen Pintxo-Bars, in denen sich Berge von liebevoll kreierten Häppchen auf den Tresen stapeln, wird Essen zur schönsten Hauptsache der Welt.

taurants im alten Fischerviertel am Hafen. Spätestens in der Altstadt, mit ihren ungezählten Pintxo-Bars, in denen sich Berge von liebevoll kreierten Häppchen auf den Tresen stapeln, wird Essen zur schönsten Hauptsache der Welt.

GRÜNE HAUPTSTADT

Die Hauptstadt des Baskenlands, Vitoria-Gasteiz, liegt etwas im touristischen Schlagschatten. Dabei gilt sie als eine der grünsten Städte Spaniens und erhielt mehrfach Preise für nachhaltige Stadtentwicklung. Prominentester Fan ist der englische Schriftsteller Ken Follett. Begeistert über die als öffentliches Schaustück durchgeführte Restauration der gotischen Kathedrale meinte er, man solle diese zum Vorbild für alle sa-

„Tulips", tulpenförmige Skulpturen von Jeff Koons, schmücken die Besucherterrasse des Guggenheim

Im Atrium des Museums finden wechselnde Ausstellungen statt. Hier eine Installation mit dem Titel „I want to believe" des chinesischen Künstlers Cai Guo-Qiang

„Maman": Ihrer Mutter widmete Louise Bourgeois diese fast zehn Meter hohe Skulptur aus Bronze und Stahl vor dem Guggenheim-Museum. Spinnen sind das Hauptmotiv der seit Jahrzehnten in New York lebenden französischen Künstlerin

„The Matter of Time" heißt diese raumgreifende, aus acht begehbaren tonnenschweren Stahlskulpturen bestehende permanente Installation von Richard Serra im Guggenheim-Museum

nierungsbedürftigen Kathedralen nehmen. Denn: „Nirgendwo sonst in der Welt kann man Vergleichbares sehen."

KRISE ALS CHANCE

Bilbao ist eine schöne Stadt. Diese schlichte Feststellung schien vor wenigen Jahren noch undenkbar. Bilbao war ein Schmuddelkind, halb erstickt von den Ausdünstungen von Hochöfen und Fabriken. Noch in den Siebzigern war Bilbao zwar ziemlich reich, aber kein bisschen sexy. Die weltweite Schwermetallkrise brachte in den 1980er-Jahren Arbeitslosigkeit, Armut und Chaos mit sich. Doch statt in Depression zu versinken, spuckten die Bilbaínos in die Hände und räumten gründlich auf. Der „Guggenheim-Effekt" dient gerne als Erklärung für den unglaublichen Wandel. Der spektakuläre Bau habe Bilbao vor dem Untergang gerettet, heißt es. Doch die Wiederbelebungsmaßnahmen am siechen Patienten hatten viel früher und tiefgreifender eingesetzt.

Wenn Ibon Areso über die Metamorphose spricht, dauert es lange, bis das „G-Wort" überhaupt fällt. Areso, langjähriger stellvertretender Bürgermeister von Bilbao, war als Direktor des neuen Raumordnungsplans federführend für die Umgestaltung verantwortlich. Oft seien Olympische Spiele oder Weltausstellungen Anlässe für urbane Schönheitskuren

und Modernisierungsmaßnahmen. Doch Bilbao hatte kein glamouröses Happening. „Unser Ereignis war die Krise."

Wandel hat Tradition in Bilbao. Im Mittelalter machte es das Exportmonopol kastilischer Wolle nach Flandern zu einem der bedeutendsten Handelshäfen Nordspaniens. Etwa ab Mitte des 19. Jahrhunderts entstand entlang der Ría von Bilbao der größte Industrieballungsraum Spaniens mit florierenden Eisenhütten, Werften und Motorenfabriken. Bilbao stand für eine brummende Wirtschaft, für Wohlstand, aber auch für unfassbare Umweltsünden. In den 1980er-Jahren sprang die Arbeitslosigkeit auf 30 Prozent, Abwanderung, Drogenprobleme und soziale Unruhen beutelten die Stadt. Bilbao war ökonomisch, ökologisch und moralisch am Ende. „Wir standen mit dem Rücken an der Wand", erinnert sich Ibon Areso, „wir mussten reagieren". Vor allem Arbeitsplätze mussten her – in der postindustriellen Ära bedeutete das den Ausbau von Dienstleistung und Tourismus. Doch dafür war

Bilbao alles andere als bereit. Also verbesserte man als erstes die Verkehrskonzepte. Der Hafen wanderte an die Küste, der Architekt Santiago Calatrava baute ab 1990 den neuen Flughafen, von 1997 an arbeitete sein Kollege Sir

Reich, aber kein bisschen sexy: Bilbao in den 1980er-Jahren

Norman Foster an der U-Bahn, 2002 nahm die erste Linie der Straßenbahn den Betrieb auf. Parkplätze verschwanden unter die Erde. Der scheintote Fluss Nervión wandelte sich durch ein modernisiertes Abwassersystem von der „schiffbaren Kloake" in eine von Promenaden gesäumte Lebensader.

DER GUGGENHEIM-EFFEKT

Anfang der 1990er-Jahre kam Guggenheim auf den Plan. Nachdem Salzburg und Venedig abgewinkt hatten, war Bilbao für die US-amerikanische Stiftung eine Negativwahl. Die Bürger Bilbaos liefen gegen das 132 Millionen Euro teure Projekt Sturm. „Sie fanden es frivol, so viel Geld in ein Museum statt in soziale Projekte zu stecken", sagt Areso. Für das erste Jahr nach der Eröffnung

Von der Aussichtsplattform an der Quelle des Nervión (Mirador cañón del Nervión) blickt man in die schwindelerregende Schlucht von Delika. Nur noch selten stürzt das Wasser hier rund 270 Meter in die Tiefe – meist ist das Bachbett ganz ausgetrocknet

Auf der Terrasse des Café Iruña an der zentralen Plaza del Castillo in Pamplona hat einst auch Ernest Hemingway gern gesessen. Das war schön für ihn – und ist schön für uns, denn der Meister der kurzen Storys wie der kurzen Sätze hat das Café auch in seinem Klassiker „Fiesta" verewigt

Der geschäftige Fischereihafen von Bermeo liegt nördlich von Gernica

Traditionsbewusst und vielfältig

Der Nordwesten von Navarra teilt sich Sprache, Kultur und Traditionen mit dem Baskenland, politisch jedoch geht man eigene Wege.

Im Jahr 905 gründete der baskische Fürst Sancho García das Königreich Pamplona (ab dem 12. Jahrhundert: Königreich Navarra). Nach einer Blütezeit im 11. Jahrhundert verlor es nach und nach einen Großteil seiner Territorien an Frankreich, Aragonien und Kastilien und wurde dann an die kastilische Krone angegliedert – wie das Baskenland mit umfangreichen Sonderrechten.

Eine wichtige Rolle in Navarras Geschichte spielte der Jakobsweg. Seit fast 800 Jahren bildet das ehemalige Kloster von Roncesvalles für die von Frankreich über die Pyrenäen gewanderten Pilger den Eingang nach Spanien. Städte wie Pamplona, Puente la Reina oder Estella profitierten im Mittelalter wirtschaftlich und kulturell enorm von den Pilgerströmen. Bis heute ist Navarra eine der reichsten Regionen Spa-

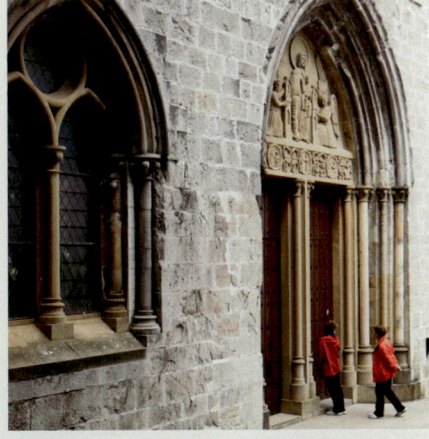

Eingang zur Kathedrale in Roncesvalles

niens. Die Besucher finden hier ungezählte kulturhistorische Schätze in einer abwechslungsreichen Landschaft, von den grünen Pyrenäen im Norden bis zum von Weinbau geprägten Süden. Die fruchtbaren Böden machen Navarra zudem zum Gemüsegarten Spaniens. Bei Weintrinkern sind vor allem die Rosés der Region, zum Beispiel der Bodega Irache, überaus beliebt.

1997 hofften die Verantwortlichen auf mindestens 400 000 Besucher. Es kamen 1,36 Millionen. Schon nach fünf Jahren hatte sich der Bau amortisiert. Über 4000 Arbeitsplätze entstanden direkt und indirekt durch das Museum – doppelt so viele, wie die große Euskalduna-Werft kurz vor ihrer Schließung Ende der 1980er-Jahre bot.

Der „Guggenheim-Effekt" bestand darin, dass plötzlich alle Welt über den atemberaubenden Bau von Frank O. Gehry sprach – aber auch über das faszinierend neue Bilbao. „Eine derartige Publicity", sagt Areso, „hätten wir aus eigener Kasse nie bezahlen können".

Namhafte Architekten wie Zaha Hadid, Cesar Pelli, Rafael Moneo und Arata Isozaki arbeiten weiter am neuen Bilbao. Junge, kreative Köpfe sollen angelockt werden, um die Stadt in Sachen Innovation und neue Technologien ganz nach vorne zu bringen. Dank des Masterplans ist Bilbao nun auch jenseits des spektakulären Guggenheim-Museums wieder ein Touristenziel. Es sei richtig, dass viele Leute wegen der ETA Vorbehalte gegen das Baskenland hätten, sagt Bilbaos Tourismusstadträtin Isabel Sánchez. „Doch wir möchten dem ein positives Angebot entgegensetzen. Und unsere Umfragen bestätigen: Wer uns einmal besucht, kommt immer wieder." Das kann man auch sehr gut nachvollziehen.

Die baskische Verführung

Die baskische Küche gilt als die beste Spaniens. Selbst Spanier anderer Regionen bescheinigen kurz und bündig: „Im Baskenland isst man gut." Auf die Frage nach dem Warum gibt es immer wieder dieselbe Antwort: Exzellente Produkte, eine liebevolle Zubereitung und das gemeinsame Essen als Teil der baskischen Lebensart. Da nun aber Restspanien nicht gerade einsam bei Wasser und trocken Brot zu darben pflegt, muss es noch andere Gründe geben. Eine Spurensuche.

Spitzenkoch Juan Mari Arzak müsste es eigentlich wissen. Er ist neben Martín Berasategui und Pedro Subijana einer der baskischen Dreisterneköche und Mitbegründer der Neuen Baskischen Küche. Mit 32 Jahren erhielt er 1974 seinen ersten Michelin-Stern, 1989 folgte der dritte. „Ich weiß es nicht", meint er zuerst, ehe er hinzufügt: „Wahrscheinlich haben wir eine besondere Leidenschaft und Hingabe, eine größere Sensibilität für die Zutaten." Zudem sei die Liebe zum guten Essen Teil der baskischen Kultur: „Selbst in unser Lokal kommen Leute aus allen Gesellschaftsschichten." In der Tat herrscht im exquisiten Nobel-Restaurant eher eine familiäre denn elitäre Atmosphäre.

Seit vielen Jahren bilden Arzak und Tochter Elena ein symbiotisches Tandem. Gemeinsam mit ihrem Team tüfteln sie in einer Mischung aus 08/15-Einbauküche und Hightech-Chemielabor die Rezepte aus. Zwei Wochen bis vier Monate kann es dauern, bis eine neue Kreation gut genug ist für die Gäste. Wichtigstes Hilfsmittel ist die „Geschmacksbank", eine Sammlung von rund 1600 Gewürzen, Zutaten und sonstigen Produkten aus aller Welt, darunter grüner vietnamesischer Reis oder iranische Zitronen, aber auch Exotischeres wie Schwalbennester. Nicht, dass dergleichen eins zu eins auf den Tisch käme, es dient vielmehr als Anregung, Inspiration für neue Kombinationen und Texturen. Denn: „Wir möchten die baskische Küche weiterentwickeln, dabei jedoch ihre Identität wahren. Tradition und Fortschritt sind für uns absolut vereinbar",

Das Auge isst mit (oben). Unten: Dreisternekoch Juan Mari Arzak mit seiner Tochter Elena in San Sebastián. Linke Seite: Die Liebe zum guten Essen ist Teil der baskischen Kultur

sagt Elena. So wird bei den Arzaks zwar auch geschäumt, schockgefroren oder vergoldet, doch bleiben sie mit Gerichten wie *Marmitako* (Thunfischeintopf), *Txipirones en su tinta* (Tintenfischchen in eigener Tinte) oder den Kabeljaugerichten *Bacalao al Pil-Pil* und *Kokotxa* selbst im Universum der Michelin-Sterne den baskischen Wurzeln treu.

STERNE-KÜCHE FÜR ZWISCHENDURCH

„Wer unsere Küche kennen lernen will, der sollte bei einer baskischen Familie miterleben, welche Sorgfalt wir dem Alltagskochen schenken", findet Edorta Lamo, einer der viel versprechenden baskischen Jungköche. Mit Iñigo Cojo und Amaia García betreibt er die moderne Pintxo-Bar „A Fuego Negro" in San Sebastiáns Altstadt. Da die Feldforschung an der familiären Basis leider nicht jedem vergönnt sei, rät er zum Bummel über den Markt, um einen Eindruck von der Vielfalt, Qualität und Frische der oft noch von den Landwirten selbst verkauften Pro-

„Tradition und Fortschritt sind für uns absolut vereinbar" (Elena und Juan Mari Arzak)

Pintxos sind eine der Säulen der baskischen Gastronomie. Ur-Häppchen wie die „Gilda" – Olive, Peperoni und Sardelle auf einem Spießchen („pintxo") – oder auch nur das Stück Brot mit pikanter Wurst (Chorizo) waren ursprünglich als reine Sättigungsbeilagen zum Gläschen Wein gedacht

dukte zu erhalten. Anschließend sollte der Praxistest im Restaurant oder in der Pintxo-Bar erfolgen. Denn im baskischen Paradies hätte der Liebe Gott den Apfelbaum zweifelsohne durch einen Pintxo-Tresen ersetzt. Einem Apfel zu widerstehen ist leicht, einem Pintxo dagegen ein Ding der Unmöglichkeit.

„WIR PROBIEREN ALLES AUS"

Ein gewisser Geschlechterkonflikt soll auch der Ursprung der „Sociedades Gastronómicas"

DIE BESTEN: STERNEKÜCHE UND TAPAS/PINTXOS

Restaurante Arzak, Juan Mari und Elena Arzak, Alcalde José Elósegui 273, E-20015 San Sebastián. Tel. 943 27 84 65, 943 28 55 93. **www.arzak.info**. *3 Michelin-Sterne.*

Restaurante und Hotel Akelarre, Pedro Subijana, Paseo Padre Orcolaga 56 (Igueldo), E-20008 San Sebastián, Tel. 943 31 12 09, **www.akelarre.net**. *3 Michelin-Sterne.*

Restaurante Martín Berasategui, Loidi Kalea 1, E-20160 Lasarte-Oria, Tel. 943 36 64 71, **www.martinberasategui.com**. *3 Michelin-Sterne.*

Hotel Restaurante Karlos Arguiñano, C/ Mendilauta 13, E-20800 Zarautz, Tel. 943 13 00 00, **www.hotelka.com**.

A Fuego Negro, C/ 31 de Agosto 31, E-20003 San Sebastián, Tel. 650 13 53 73. **www.afuegonegro.com**. *Avantgardistische Pintxo-Bar in der Altstadt rund um ein junges, kreatives Team.*

sein. Während die Männer tagelang auf See arbeiteten, hatten zu Hause die Frauen das Sagen. Schutz vor dem matriarchalen Diktat fanden sie in den Freizeitclubs, die Ende des 19. Jahrhunderts in San Sebastián entstanden. Unter Ausschluss der Frauen durfte man(n) hier ungehemmt „essen und singen".

Bis heute hat sich daran wenig geändert. Gegen einen Unkostenbeitrag wird in den professionell ausgestatteten Küchen der „Txokos" nach Lust und Laune gekocht.

„Wir probieren alles aus", erzählt Patxi, Mitglied einer gastronomischen Gesellschaft in Deba, „traditionelle Gerichte ebenso wie die Molekularküche im Stil von Ferran Adrià." Gegessen wird im Freundes- oder Familienkreis: in Krisenzeiten eine kostengünstige Alternative zum Restaurantbesuch. Heute sind in vielen Sociedades Frauen zumindest als essende Gäste geduldet. Neue, junge Clubs, die etwa in Neubaugebieten als Begegnungsstätten entstehen, sehen das Thema „Frau in der Küche" liberaler; vermutlich dürfen sie irgendwann dort auch kochen.

MÄNNER AM HERD

Doch wenn Männer mit großem Eifer an den Herden werkeln, mit Stolz ihre Kreationen kredenzen und anschließend klaglos den Tisch abräumen und spülen, dann mag Frau sich denken, „warum eigentlich die gewachsene Ordnung der Dinge zwanghaft ändern?" Manches ist durchaus gut, so wie es ist. Etwa, wenn baskische Männer am Herd stehen.

Welche Bar hat die pfiffigsten Pintxos? Die Altstadtkneipen von San Sebastián wetteifern mit prächtigen Auslagen um die Kundschaft. Kenner schwärmen von den landesweit leckersten Appetithäppchen, die es hier zu verspeisen gilt

Infos

Hier findet jeder etwas

Städtereisen mit vollem Kulturprogramm? Abschalten in der Natur? Oder doch lieber ein sportlicher Aktivurlaub? Wer das Baskenland bereist, braucht sich zum Glück nicht zu entscheiden: Ob das mondäne Seebad San Sebastián, das Guggenheim-Museum in Bilbao, rasante Wellen für Surfer oder stille Wanderwege in geschützten Naturräumen – hier findet sich für jeden Geschmack und jede Laune etwas.

01 HONDARRIBIA

Das Städtchen (16 000 Einw.) gleicht mit seinen blumengeschmückten Fachwerkhäusern einer romantischen Puppenstube.

Sehenswert

Im alten **Hafenviertel** locken typische Fischlokale und Pintxo-Bars. Darüber liegt die mittelalterliche Altstadt mit dem **Castillo del Emperador Carlos V** (Wehrburg, 17. Jh., jetzt Parador Nacional) und der **Iglesia de Santa María de la Asunción** (15./16. Jh.). Die schmucke Hauptgasse **Kale Nagusia** endet am alten Stadttor **Puerta de Santa María** (15. Jh.).

Unterkunft

€€ **Hotel Obispo**, Plaza del Obispo, Tel. 943 64 54 00, www.hotelobispo.com. Stilvolle Zimmer in einem Altstadtpalast (14. Jh.), 17 Zi.

Information

Oficina de Turismo, Jabier Ugarte Kalea 6, E-20280 Hondarribia, Tel. 943 64 54 58 Mo.–Fr. 9.30–13.30 und 16.00–18.30, Sa./So. 10.00–14.00, Juli–Sept. Mo.–Fr. 10.00–20.00, Sa./So. 10.00–14.00 und 16.00–20.00 Uhr, www.bidasoaturismo.com.

02 DONOSTIA-SAN SEBASTIÁN

Allein schon die legendäre Pintxo-Kultur lohnt einen Besuch der eleganten Stadt **Donostia-San Sebastián** ▶TOPZIEL (180 000 Einw.) an der goldgelben La-Concha-Bucht.

Sehenswert

Maritimes Flair und traditionelle Fischrestaurants finden sich im **Fischerhafen**. Östlich davon erstreckt sich rund um die arkadengesäumte **Plaza de la Constitución** die **Altstadt** mit der ältesten Kirche der Stadt, die gotische **Iglesia de San Vicente** (16. Jh.). Eine prächtige Barockfassade ziert die **Basílica de Santa María del Coro** (17. Jh. vollendet). Das Kongresszentrum Kursaal, das Luxushotel María Cristina und das Teatro Victoria Eugenia sind zentrale

Veranstaltungsorte des Filmfestivals. Das Ufer des Río Urumea erinnert mit seinen zahlreichen **Art-Nouveau-Palästen** an Paris. Ganz in der Nähe erhebt sich die neugotische **Catedral del Buen Pastor** (19./20. Jh.).

Veranstaltungen

19./20. Jan., **Día de San Sebastián**, Erinnerung an die franz. Besatzung im 19. Jh. mit Trommlerparaden in historischen Kostümen. Juli: **Internationales Jazzfestival** (www.jazzaldia.com). Um den 15. Aug.: **Semana Grande**, große Festwoche (Konzerte, Umzüge, Feuerwerkswettbewerb). Sept.: **Euskal Jaiak**, baskische Folkloretage (Musik, Tanz und baskischer Sport; Höhepunkt ist die Ruderregatta „Bandera de la Concha"), **Internationales Filmfestival** (www.sansebastianfestival.com).

Unterkunft

€€€ **Hotel Monte Igueldo**, Paseo del Faro 134, Tel. 943 21 50 28, www.monteigueldo.com. Seine Lage auf dem Monte Igueldo ist vielleicht die exklusivste an der nordspanischen Küste. Die geräumigen Zimmer bieten eine fantastische Aussicht auf die Bucht, 125 Zi.

Information

Oficina de Turismo, Boulevard 8, E-20002 Donostia, Tel. 943 48 11 66, Mo.–Do. 9.00–13.30 und 15.30–19.00, Fr./Sa. 9.30–19.00, So./Fei. 10.00–14.00 Uhr www.sansebastianturismo.com

03 ZARAUTZ

Die 22 500-Einwohnerstadt ist ein recht beliebter Badeort und Treffpunkt für versierte Surfer.

Sehenswert

Ganz im Westen stehen die gotische **Iglesia Parroquial de Santa María la Real** (15. Jh.) und der Wohnturm **Casa Torre de los Zarautz** (15. Jh.) mit Resten der ältesten Nekropole von Zarautz (10.-15. Jh.) und dem **Kunst- und Geschichtsmuseum** (Di.–Sa. 11.00–14.30 u. 15.30 bis 18.30 Uhr).

Restaurant/Hotel

€€€€ **Hotel Restaurante Karlos Arguiñano**, C/ Mendilauta 13, Tel. 943 13 00 00, www.hotelka.com. 3-Sterne-Starkoch Arguiñano verwöhnt seine Gäste in attraktiver Strandlage. 12 Zi.

Als Auditorium und Kongresszentrum dient Rafael Moneos Kursaal Palace in San Sebastián

Information

Oficina de Turismo, Nafarroa Kalea, 3 (Duke Enea), E-20800 Zarautz, Tel. 943 83 09 90, Ostern tgl. 9.30–19.30, Juni–Sept. Mo.–Sa. 9.00–20.30, So./Fei. 10.00–14.00, restl. Zeit Mo.–Fr. 9.30–13.00, 15.30–19.30, Sa. 10.00 bis 14.00 Uhr, www.turismozarautz.com

04 GETARIA

Der Fischerort (2300 Einw.) ist Zentrum des spritzig-leichten baskischen Weißweines Txakoli. Stolz ist Getaria auf Juan Sebastián Elkano (1487–1526), der als erster Weltumsegler gilt. Ein schönes Beispiel baskischer Gotik ist die **Iglesia Parroquial de San Salvador** (14./15. Jh., Führungen: Oficina de Turismo, E-20808 Getaria, Di.–Sa. 10.30, 12.00, 16.00 und 17.30, So./Fei. 12.00 Uhr, Aldamar Parkea 2, Tel. 943 14 09 57, www.getaria.net).

05 GERNIKA-LUMO

Die „heilige Stadt" (16 300 Einw.) der Basken war bis ins 19. Jh. Versammlungsort der baskischen Ältestenräte. 1937 bombardierte die deutsche Legion Condor die Stadt. Immer Mo. findet von 9.00–13.00 Uhr auf der Merkatu Plaza/C/ San Telmo einer der größten und traditionellsten **Wochenmärkte** der Region Biskaya statt.

Infos

Gourmet-Salz

Über 1200 Jahre lang gewannen die Menschen im „salzigen Tal" von Añana Gesaltza Salz. Nach der Schließung in den 1960er-Jahren blieb eine einzigartige Kulturlandschaft mit rund 5000 hölzernen Salztischen im terrassierten Gelände erhalten. Künftig wird in den Salzgärten wieder Salz geerntet, vor allem das von Spitzenköchen geschätzte „Fleur du Sel". Führungen geben Einblick in das Handwerk und die Geschichte der Salinen.

Rund 30 km westlich von Vitoria-Gasteiz, auf N-102 und N-1 Richtung Madrid, weiter auf A-2622 Richtung Nanclares de la Oca bis Añana. Reservierung unter Tel. 945 35 11 11 oder www.vallesalado.net

Sehenswert/Museum

Bei der Casa de Juntas steht der **Baum von Gernika**. Im **Parque de los Pueblos** de Europa sind zwei Skulpturen von Eduardo Chillida und Henry Moore ausgestellt. Eine Nachbildung von Pablo Picassos Gemälde Guernica ist in der **C/ Pedro de Elejalde** zu sehen. Das **Museo Euskal Herria** präsentiert baskische Geschichte, Gesetze und Kultur (Allendesalazar 5, Tel. 946 25 54 51, Di.–Sa. 10.00–14.00 und 16.00–19.00, So. 11.00–15.00, Fei. 11.00–14.30 und 16.00 bis 20.00 Uhr). **Museo de la Paz**, Friedensmuseum (Foru Plaza 1, Tel. 946 27 02 13, Di.–Sa. 10.00–14.00 und 16.00–19.00, So. 10.00–14.00, Juli/Aug. Di.–Sa. 10.00–20.00, So. 10.00–15.00 Uhr, www.museodelapaz.org).

Information

Oficina de Turismo, Artekalea 8, E-48300 Gernika-Lumo, Tel. 946 25 58 92, Mo.–Sa. 10.00–14.00 und 16.00–19.00, Juli–Aug. 10.00–19.00, ganzjährig So. 10.00 bis 14.00 Uhr, www.gernika-lumo.org

06 BILBAO

Bei der Anfahrt durch das Ballungsgebiet heißt es: Augen zu und durch. Erst das Zentrum von **Bilbao** ▶TOPZIEL entpuppt sich als spannendes Biotop (bask. Bilbo; 354 000 EW).

Sehenswert

Die gotische **Iglesia de San Antón** (14./15. Jh.) markiert den ältesten Teil der Stadt. Seit dem 14. Jh. ist der **Mercado de La Ribera** Marktort. Viele Pintxo-Bars und Kneipen haben sich in der Altstadt rund um die **Siete Calles** (Sieben Straßen) und die neoklassizistische **Plaza Nueva** (ab 1849) angesiedelt. Schönster religiöser Bau ist die **Catedral de Santiago** (1379–1887) (Di.–Sa. 10.00–13.30 und 16.00–19.00, So./Fei. 10.30–13.30 Uhr). Das **Teatro Arriaga** (1890) entstand nach dem Vorbild der Pariser Oper. Rund um die **Gran Vía Don Diego López de Haro** liegt das moderne Einkaufs-, Ausgeh- und Geschäftsviertel. Am Muelle de los Ingleses glänzt das **Guggenheim-Museum**, weiter südwestlich steht der **Kongress- und Musikpalast Euskalduna**. Über die **Zubizuri** (bask.: weiße Brücke, 1997, Architekt: Santiago Calatrava) gelangt man zur Standseilbahn **Funicular de Artxanda** auf den Monte Artxanda (schöne Aussicht auf Bilbao; Mo.–Sa. 7.15 bis 22.00, So./Fei. 8.15–22.00 Uhr).

Museen

Museo Guggenheim, (Tel. 944 35 90 00, Di.–So. 10.00–20.00 Uhr, Juli/Aug. auch Mo. geöffnet, www.guggenheim-bilbao.es). Das **Museo de Bellas Artes** ist eines der bedeutendsten Museen der schönen Künste Spaniens (Museo Plaza 2, Tel. 944 39 60 60, Di.–So. 10.00–20.00 Uhr, www.museobilbao.com).

Restaurant

€€ **Café La Granja**, Plaza Circular 3 (Neustadt), Tel. 944 23 08 13. Elegantes Café-Restaurant.

Unterkunft

€ **Pensión Iturrienea Ostatua**, Santa María Kalea 14, Tel. 944 16 15 00, www.iturrieneaostatua.com. Einfache, aber sehr charmante Pension in der Altstadt, 21 Zi.

Information

Oficina de Turismo, Plaza Arriaga, E-48005 Bilbao, Mo.–Fr. 11.00–14.00 und 17.00–19.30, Sa. 9.30–14.00 und 17.00–19.30, So./Fei. 9.30 bis 14.00, 18. Juli–16. Sept. tgl. 9.30–14.00 und 16.00–19.30 Uhr. (Tel. 944 79 57 60, Mo.–Fr. 9.00–14.00 und 16.00–19.30 Uhr), www.bilbao.net

07 VITORIA-GASTEIZ

Die Hauptstadt (236 600 EW) des Baskenlandes und der Provinz Álava punktet in Sachen Grünflächen und Lebensqualität.

Sehenswert

Beeindruckend ist die gotische **Catedral Vieja de Santa María** (14./15. Jh., www.catedralvitoria.com). Als älteste Kirche der Stadt gilt die **Iglesia de San Miguel** (im 12. Jh. erwähnt, aktueller Bau 14./15. Jh.). Auf der **Plaza del Machete** musste der königliche Stadtverwalter auf einen Säbel die Einhaltung der lokalen Sonderrechte schwören, bei Schwurbruch wurde er mit der Waffe geköpft.

Restaurant/Unterkunft

€€€€ **Restaurante El Clarete**, Cercas Bajas 18, Tel. 945 26 38 74, www.elclareterestaurante.com. Junge, moderne Küche.
€€ **La Casa de los Arquillos**, C/Los Arquillos 1, Tel. 945 15 12 59, www.lacasadelosarquillos.es. Kleines B&B-Hotel in der Altstadt, Zimmer von lokalen Künstlern individuell gestaltet. 8 Zi.

Information

Oficina de Turismo, Plaza General Loma 1, E-01005 Vitoria-Gasteiz, Tel. 945 16 15 98, Juli–Sept. tgl. 9.30–19.30, Okt.–Juni Mo.–Sa. 10.00–19.00, So./Fei. 11.00–14.00 Uhr, www.vitoria-gasteiz.org/turismo

08 PAMPLONA

Pamplona ▶TOPZIEL (baskisch Iruña; 197 000 Einw.), im 1. Jh. v. Chr. von den Römern gegründet, war im 10. Jh. Hauptstadt des späteren Königreichs Navarra. Berühmt für das Stiertreiben während der Sanfermines (6.–14. Juli).

Gelebte Passion

Ein ergreifendes Erlebnis sind die Passionsspiele in **Balmaseda** (ca. 30 km südwestl. von Bilbao). Rund 500 Laiendarsteller (bei 1000 Einwohnern!) setzen mit Liebe zum Detail die letzten Stunden im Leben von Jesus Christus in Szene. Am Gründonnerstag macht das letzte Abendmahl den Auftakt. Am Karfreitag werden der Freitod des Judas, das Todesurteil sowie die Begegnungen mit Maria Magdalena und seiner Mutter Maria nachgespielt. Anschließend dient die ganze Stadt als Kulisse für den Leidensweg Christi.

www.viacrucisbalmaseda.com

Sehenswert

Die gotische **Catedral de Santa María** (15. Jh.; Fassade 18. Jh.) im Altstadtviertel Navarrería verfügt über einen der schönsten Kreuzgänge (Claustro, 1286–1419) Spaniens. (Kathedrale/ Diözesanmuseum Mo.–Fr. 10.00–14.00 und 16.00–19.00, Sa. 10.00–14.00 Uhr). Am **Rathaus** (Casa Consistorial, Fassade 18. Jh.) beginnen am 2. Juli mit dem Chupinazo (Böllerschuss) die Sanfermines. Die **Calle Estafeta** ist berühmt durch das Stiertreiben und beliebt wegen ungezählter Pintxo-Bars. Die zentrale **Plaza del Castillo** war Teil der mittelalterlichen Stadtbefestigung.

Museum

Das **Museo de Navarra** zeigt römische, mittelalterliche bis barocke Kunst sowie ein Gemälde von Goya (Cuesta de Santo Domingo, s/n, Tel. 948 42 64 92, Di.–Sa. 9.30–14.00 und 17.00–19.00, So. 11.00–14.00 Uhr).

Information

Oficina de Turismo, C/ Hilarion Eslava 1, E-31001 Pamplona, Tel. 848 42 04 20, Juli/Aug. Mo.–Fr. 9.00–20.00, Sa. 10.00–20.00, So. 10.00–14.00, Sept.–Juni Mo.–Sa. 10.00–14.00 und 16.00–19.00, So./Fei. 10.00–14.00 Uhr, www.pamplona.net

09 RONCESVALLES

Seit dem Mittelalter bildet **Roncesvalles** (bask. Orreaga) das Tor des Jakobswegs nach Navarra und Spanien.

Sehenswert

Bei der abendlichen Messe in der Stiftskirche **Santa María** (13./14. Jh., 8.00–20.00 Uhr) erhalten die Pilger den Pilgersegen. Der Hauptaltar zeigt die gotische, reich mit Gold und Silber geschmückte Marienfigur Nuestra Señora de Roncesvalles. Der Kreuzgang entstand im 17. Jh. Als ältestes Gebäude gilt die Kapelle **Espíritu Santo** (12. Jh.); schaurig ist der Berg von Skeletten darunter.

Unterkunft

€ **Apartamentos Rurales Casa de Beneficiados**, E-31650 Roncesvalles/Orreaga, Tel. 948 76 01 05, www.casadebeneficiados.com, Apartmenthotel im ehemaligen Kloster, 24 Zi.

Information

Oficina de Turismo, Antiguo Molino (alte Mühle), E-31650 Roncesvalles/Orreaga, Tel. 948 76 03 01, April–Sept. Mo.–Sa. 10.00–14.00, 15.30–19.00, So. 10.00–14.00, Okt.–März Mo.–Sa. 10.00 bis 14.00, 15.00–18.00, So. 10.00–14.00 Uhr, www.roncesvalles.es

Kunst am Baum

Bei der familiären Ausflugsplanung stellt sich oft die Frage: Kultur oder Natur? Der zauberhafte „Bosque Pintado" des baskischen Künstlers Agustín Ibarrola verbindet beides auf geniale Weise. Der in eine idyllische Landschaft eingebettete „bemalte" Wald bietet gerade Kindern eine spielerische Begegnung mit Kunst.

Im Zauberwald entstehen immer ...

Bunte, riesengroße Augen scheinen die Besucher zu beobachten, seltsame Formen finden sich im Vorbeigehen plötzlich zu rosa Männchen zusammen, abstrakte Farbspielereien malen Muster in den Wald – wohin das Auge auch schaut, es findet Anregung für die Phantasie. 1984 schuf Ibarrola mit den farbenfroh bemalten Baumstämmen des Kiefernhains von Oma sein berühmtestes und vielleicht schönstes Kunstwerk der „land art" genannten Strömung. Ab Ende der 1960er-Jahre zogen Künstler aus dem Atelier in die Natur und schufen mit und in den natürlichen Gegebenheiten einzigartige Gesamtkunstwerke wie eben den Bosque Pintado.

Je nach Standort und Perspektive verändert der Wald sein Aussehen, entstehen neue Formen und Figuren. Der Zauberwald wirkt umso eindringlicher, da er auf einem einfachen, knapp zweistündigen Rundwanderweg durch lichten Wald und das idyllische Tal von Oma erwandert werden muss.

... wieder neue Formen und Figuren

WEITERE INFORMATIONEN

Anfahrt: Von Gernika-Lumo BI-638 Richtung Lekeitio, ab Barrutia auf der BI-2238, dann rechts mit dem Hinweis Cueva de Santimamiñe bis zum Ausflugsrestaurant und Picknickplatz. Ab dort Wegtafeln des Rundwegs „PR-BI 180 Bosque Pintado" (7,5 km, 200 m Höhenunterschied). Eine **Informationsbroschüre** ist im Touristenbüro von Gernika erhältlich. Oberhalb des Parkplatzes birgt die **Cueva de Santimamiñe** 12 000 bis 17 000 Jahre alte **Felszeichnungen**. Besichtigung nach Anmeldung unter Tel. 944 65 16 57

Der kleine Weinriese

Lebende Hühner in der Kirche, sich selbst geißelnde Büßer, Vogelnester auf Kirchen und entfesselte Massen, die sich in Hektolitern von Rotwein suhlen, statt ihn zu trinken: Hinter der Fassade des besten Weingebietes der Welt scheint La Rioja eigenartige Marotten zu pflegen. Tatsächlich hat die zweitkleinste Region Spaniens nicht nur Liebhabern edler Rebsäfte etwas zu bieten: Dinosaurierspuren etwa, mittelalterliche Klöster und vielfältige Naturräume.

Terrasse mit Aussicht: Weinfelder um Laguardia, in der Weinbauregion Rioja Alavesa, dem baskischen Teil des Anbaugebiets Rioja

Südlich von Logroño erhebt sich die Burg von Clavijo, von der man einen sehr schönen Blick über das umgebende Land hinweg hat

Prost! Auch in den Tapas-Bars der Altstadt von Logroño, hier in der Calle Laurel, schätzt man einen guten Tropfen

San Vicente de la Sonsierra: Auch im Herbst, wenn sich die Blätter verfärben, lädt die Rioja zum Wandern – und Pilgern – ein

N ähert man sich der Rioja von Westen her, stößt man zwar auf den Ursprung des Namens, sucht nach Wein aber vergeblich. Weite Getreidefelder dehnen sich rund um Santo Domingo de la Calzada aus, eine der legendärsten Städte am Jakobsweg. Domingo aus Viloria de Rioja legte im 11. Jahrhundert die Sümpfe am Río Oja trocken, baute Straßen, Brücken und errichtete ein Hospiz für die immer zahlreicher strömenden Jakobspilger. Selbst aus dem Jenseits heraus sorgte er sich noch um das Wohl seiner Schützlinge. So will es zumindest die Legende. Im 14. Jahrhundert soll er einem deutschen Pilger das Leben gerettet haben. Weil der junge Mann die Reize einer Wirtstochter verschmäht hatte, praktizierte ihm diese einen wertvollen Becher ins Gepäck und klagte ihn anschließend des Diebstahls an. Das rasch gefällte und vollzogene Urteil lautete Tod durch den Strang. Die Eltern des Unglücklichen setzten ihre Wallfahrt voller Gram

Selbst aus dem Jenseits heraus, so die Legende, sorgte er sich noch um das Schicksal seiner Schützlinge.

alleine fort. Bei der Rückkehr aus Santiago fanden sie ihren Sohn jedoch lebend auf den Schultern des heiligen Domingo wieder. Der davon beim Mittagessen in Kenntnis gesetzte Richter höhnte: „Der Mann ist so tot wie die Brathühner auf meinem Teller." Worauf sein Mahl augenblicklich lebendig wurde und gackernd das Weite suchte, statt in seinem Magen zu landen. In Erinnerung an das Wunder logiert jeweils ein Pärchen weiße Hühner zwei Wochen lang in der Kathedrale.

TRIBUT DER JUNGFRAUEN
Weiter östlich, bei Clavijo, entstand der Mythos von Jakobus als Maurentöter („Santiago Matamoros"). 844 soll der Apostel auf einem weißen Ross reitend

Auf dem Weg nach San Vicente de la Sonsierra führt diese Brücke über den Río Ebro

Nájera: Grablege der ehemaligen Könige in Santa María la Real. Gegründet wurde das Kloster von König García Sánchez im 11. Jahrhundert an der Stelle, wo er auf wundersame Weise in einer Grotte ein Marienbild fand („das Grottenmirakel von Nájera")

Lammspezialitäten serviert schon seit 1877 das Restaurant Terete (oben) in Haro: Die Weinhauptstadt der Oberen Rioja ist bekannt für ihre vielen Bodegas. Rechts: der Rathausplatz von Viana

Im schönen Kreuzgang des Klosters Santa María la Real in Nájera scheint die Zeit still zu stehen

Büßen bis aufs Blut

Mit vernehmbarem Klatschen landet die armdicke Geißel hart auf der nackten Haut.
Immer wieder holen die Männer in den weißen Tuniken, die Gesichter unter einer weißen Haube verhüllt, aus, schlagen sich die aus Baumwollfäden geflochtene Peitsche auf den entblößten Rücken. An die 20 Minuten lang, 800 bis 1000 Mal. Dann nimmt ein Mitglied der Bruderschaft den Kopf des Büßers zwischen die Beine, klopft mit einem glassplitterbewehrten Wachsklumpen auf die geschundene Haut, bis aus zwölf kleinen Wunden – für jeden Apostel eine – Blut quillt. Danach geht das satte Patschen der Baumwollknoten weiter, jetzt auf purem Fleisch.

Seit mindestens 500 Jahren pflegen die „Disciplinantes" (Geißler) oder auch „Picaos" – etwa die (An)gestochenen – von San Vicente de la Sonsierra diese archaische Form der Buße und Fürbitte. Einmal, im Jahr 1799, versuchte man, das schaurige Ritual zu verbieten. Erfolglos. Das Selbstgeißeln verlagerte sich daraufhin nur in private Räume. Heute sieht die Bruderschaft die uralte Tradition als Gegengewicht zu einer zunehmend von Materialismus und Oberflächlichkeit geprägten Gegenwart. Man müsse diese Art der Bußbereitschaft nicht verstehen, so die Bruderschaft, doch zumindest respektieren. Die streng reglementierte Teilnahme ist auf männliche, volljährige Katholiken beschränkt, die Mitglied der Bruderschaft Santa Vera Cruz sind oder ein entsprechendes Empfehlungsschreiben ihres Pfarrers vorlegen.

Hart ist der Asphalt, rau die Realität

dem christlichen Heer von Ramiro I., König von Asturien, zum Sieg über die Araber verholfen haben. Die Schlacht ist freilich ebenso erfunden wie ihr Anlass: Ramiro habe sich gegen den jährlich an die Mauren zu leistenden Tribut von 100 Jungfrauen gewehrt. Nach dem Sieg sei dieser zwar abgeschafft worden, doch mussten die christlichen Bauern ganz real fortan und bis ins 19. Jahrhundert zum Dank den zehnten Teil ihrer Erträge an die Kathedrale von Santiago abführen. Manche behaupten, die Schlacht sei überhaupt nur deshalb erfunden worden, um der „Reconquista" gegen die maurischen Invasoren eine tiefere religiöse Dimension zu verleihen.

Natürlich mussten auch die Winzer ihre Abgaben für den guten Zweck leisten. Hier im Herzen der Rioja gedeihen sie, die guten Tropfen. Nördlich von Logroño, im Schutz der Sierra de Cantabria, im Dreieck Laguardia, Elciego und Haro haben traditionsreiche Bodegas wie Muga, Ysios, López de Heredia, Marqués de Riscal ihren Sitz. Seit einiger Zeit geben sie ihrer Winzerkunst auch mit spektakulären Gebäuden so namhafter Architekten wie Santiago Calatrava, Frank O. Gehry oder Zaha Hadid einen selbstbewussten Ausdruck. Der Wein bestimmt hier seit Jahrhunderten das Leben und Arbeiten. Und das Feiern. Etwa bei der Weinschlacht

Elciego: In mehr als 80 Länder werden die Weine von Marqués de Riscal exportiert

Nicht nur die Weine werden in der Rioja noch in Handarbeit produziert, auch das traditionelle Handwerk der Fassmacher wird hier noch gepflegt

Für den, der's mag, ist sie das höchste: die Batalla del Vino, eine Ende Juni auf einem Hügel bei Haro stattfindende feuchtfröhliche Weinschlacht

Schon lange vor den Römern wurde in der Rioja Wein angebaut. Aber erst, als um die Mitte des 19. Jahrhunderts im Bordeaux-Gebiet der Mehltau und die Reblaus wüteten, woraufhin viele französische Winzer in die Rioja zogen, gewann der hiesige Wein an Bedeutung

Ende Juni bei Haro. Natürlich kommen dabei nicht die besten Tropfen zum Einsatz. Die werden erst bei der anschließenden Feier getrunken.

WEINPFÜTZEN IM GLAS

In eher homöopathischen Dosen wird der Wein beim „Txikiteo" ausgeschenkt, der riojanischen und baskischen Art auszugehen. „Die Weinpfütze im Glas mag einem lächerlich vorkommen", klären Einheimische die Fremden gerne auf, „aber die Menge an Gläsern macht's". Denn das „Txikiteo" ist so ziemlich das Gegenteil eines gemütlich deutschen Kneipenabends: In rasantem Tempo zieht man in möglichst großer Runde von Bar zu Bar, trinkt ein „Txikito", ein kleines Gläschen Wein, isst dazu einen Pintxo, und weiter geht's in die nächste Bar. Das Epizentrum des „Txikiteo" von Logroño befindet sich in der Calle Laurel. Doch spätestens beim herbstlichen Fest zum Auftakt der Weinlese fließt auch in der Hauptstadt der Rioja der Wein in Strömen.

DAS ESCORIAL DER RIOJA

Die Klöster Suso und Yuso bei San Millán de la Cogolla gelten als Wiege der spanischen Sprache. Im 10. und 11. Jahrhundert verfassten Mönche erstmals die Randnotizen zu lateinischen Texten in ihrer Alltagssprache. Diese „Glossas Emilianeses" sind die ersten belegten schriftlichen Zeugnisse des Spanischen und Baskischen. Auch beim Dichten durfte der Wein nicht fehlen. So notierte der Poet Gonzalo de Berceo im 13. Jahrhundert: „Ich möchte in der Sprache schreiben, in der die normalen Leute sprechen. Ich bin nicht so gebildet, es in Latein zu tun, daher, so denke ich, verdiene ich ein gutes Glas Wein."

Ein Besuch der Klöster ist ein Muss, auch wegen der imposanten Sammlung von Handschriften. Die Pergamente der bis zu 60 Kilo schweren mittelalterlichen Gesangbücher sollen aus den Häuten von rund 1500 Kühen hergestellt worden sein. Wie viel Fässer Wein beim Schreiben konsumiert wurden, ist nicht überliefert.

werden – in 3-D, Farbe und fast zum Anfassen. Weiter östlich, entlang des Ebro, des wasserreichsten Flusses Spaniens, finden Störche und andere Wasservögel ideale Lebensbedingungen. Als Wohnraum zieht Meister Adebar jedoch solide Konstruktionen vor wie etwa das Dach der Kathedrale von Alfaro oder auch das der Kathedrale von Logroño. Wie in einer Reihenhaussiedlung reiht sich zuweilen Nest an Nest auf den Gotteshäusern.

WEIN UND SKI GUT

Die Ankündigung „Wir gehen zum Skifahren in die Rioja" erntet garantiert Aufmerksamkeit. Doch in der Tat: Valdezcaray in der Sierra de la Demanda

Vor 120 Millionen Jahren waren hier Dinosaurier unterwegs.

STÖRCHE IM JURASSIC PARK

Vor 120 Millionen Jahren waren hier Dinosaurier unterwegs. Westlich von Alfaro führt die „Ruta de los Dinosaurios" zu den Fundstellen von Dinosaurierspuren und -knochen. Die mächtigen, dreigliedrigen Fußabdrücke der Urzeit-Echsen lassen den Jurassic Park lebendig

ist ein überschaubares, aber recht hübsches Skigebiet. Auf Höhen von bis zu 2100 Metern reichen die 22 Pisten hinauf: das ideale Winterziel für alle, die neben dem Sport ein gutes Essen und einen edlen Tropfen Wein zu schätzen wissen. Und im Sommer lässt es sich in dem Gebirge bestens wandern.

Avantgardistisch & individuell

Kaum ein anderes spanisches Produkt genießt einen so hohen internationalen Bekanntheitsgrad wie die Weine aus der Rioja. Dabei ist die Rioja bei Weitem nicht die größte Weinbauregion Spaniens. Von knapp 1,1 Millionen Hektar Rebfläche im gesamten Land entfallen gerade mal 63000 auf das Erzeugergebiet La Rioja, zu dem auch die baskische Rioja Alavesa und Teile Navarras gehören. Inzwischen erkennen aber auch immer mehr Winzer anderer Regionen ihr eigenes Potenzial. „Individualität" lautet denn auch das Credo etwa der Lagenweine „Vinos de Pago".

Seit einem Jahrzehnt macht die Rioja auch mit avantgardistischen Bodegas Furore. Den Anfang bildete 2001 die spektakuläre „Welle" der Bodega Ysios vom Stararchitekten Santiago Calatrava, dem Beispiel folgten Marqués de Riscal mit einem ebenso futuristischen Bau von Frank O. Gehry, López Heredia nahm Zaha Hadid unter Vertrag. Sollen die architektonischen Meisterwerke etwa von der nachlassenden Konkurrenzfähigkeit der Weine ablenken? Schließlich behaupteten noch vor wenigen Jahren böse Zungen, wer einen Rioja kenne, kenne sie alle. Haben sich die Winzer auf dem jahrhundertealten Ruf ausgeruht? Mitnichten, sagt Marian Carreira, Sprecherin der Bodega Ysios, „wir möchten vielmehr ein breites Publikum auf unsere Qualitätsweine aufmerksam machen."

Im 21. Jahrhundert heißt dies: Mit modernen Methoden die Identität der Riojas wahren und weiterentwickeln, so Luis Zudaire, Önologe bei Ysios. Die gefährlichsten Rivalen sind für den Winzer „Chile und Australien". Doch auch im eigenen Land wächst die Konkurrenz. Längst spielen Weine mit Herkunftsbezeichnungen (D.O.) wie La Mancha, Jumilla, Priorat oder auch Utiel-Requena in der oberen Liga mit. Die edelsten spanischen Weine stammen gar nicht aus der Rioja, sondern aus der Bodega Vega Sicilia in der für erstklassige Rebsäfte bekannten Region Ribera del Duero. Selbst Exoten wie die Extremadura oder das kleine El Bierzo im Westen Castillas y Leóns bringen inzwischen bemerkenswerte Weine hervor. Die enorme Vielfalt Spaniens wird für Weinlieb-

Hat gut lachen: die Winzerin Mercedes López de Heredia (oben) von der Viña Tondonia in Haro. Unten: Die von Santiago Calatrava gestaltete Bodega Ysios gibt dem Weingut einen futuristischen Touch

haber zunehmend mit dem Gaumen erlebbar, am markantesten bei den vor etwa zehn Jahren aufgekommenen „Vinos de Pago": Statt wiederholbare Marken wollen diese exklusiven, in kleinen Mengen gekelterten Lagenweine unverwechselbare Persönlichkeiten sein, geprägt von der Lage, dem Rebstock, dem Boden und dem Klima des Weinbergs. Ende 2009 gab es neun gesetzlich anerkannte Vinos de Pago – alle in Navarra und Castilla-La Mancha. Die Rioja-Weine sind vielleicht das bekannteste spanische Produkt. Doch kann man auch anderswo manche positive Überraschung erleben.

BODEGA YSIOS

Camino la Hoya s/n, E-01300 Laguardia (Alava)
Tel. 945 60 06 40 , Fax 945 60 05 20,
ysios@domecqbodegas.com, www.ysios.com
***Besuchszeiten:** Mo.–Fr. 11.00, 13.00 und 16.00 Uhr,*
Sa./So. 11.00 und 13.00 Uhr.
***Reservierung:** Tel. 945 60 06 40.*

Sollen die architektonischen Meisterwerke von der nachlassenden Konkurrenzfähigkeit der Weine ablenken?

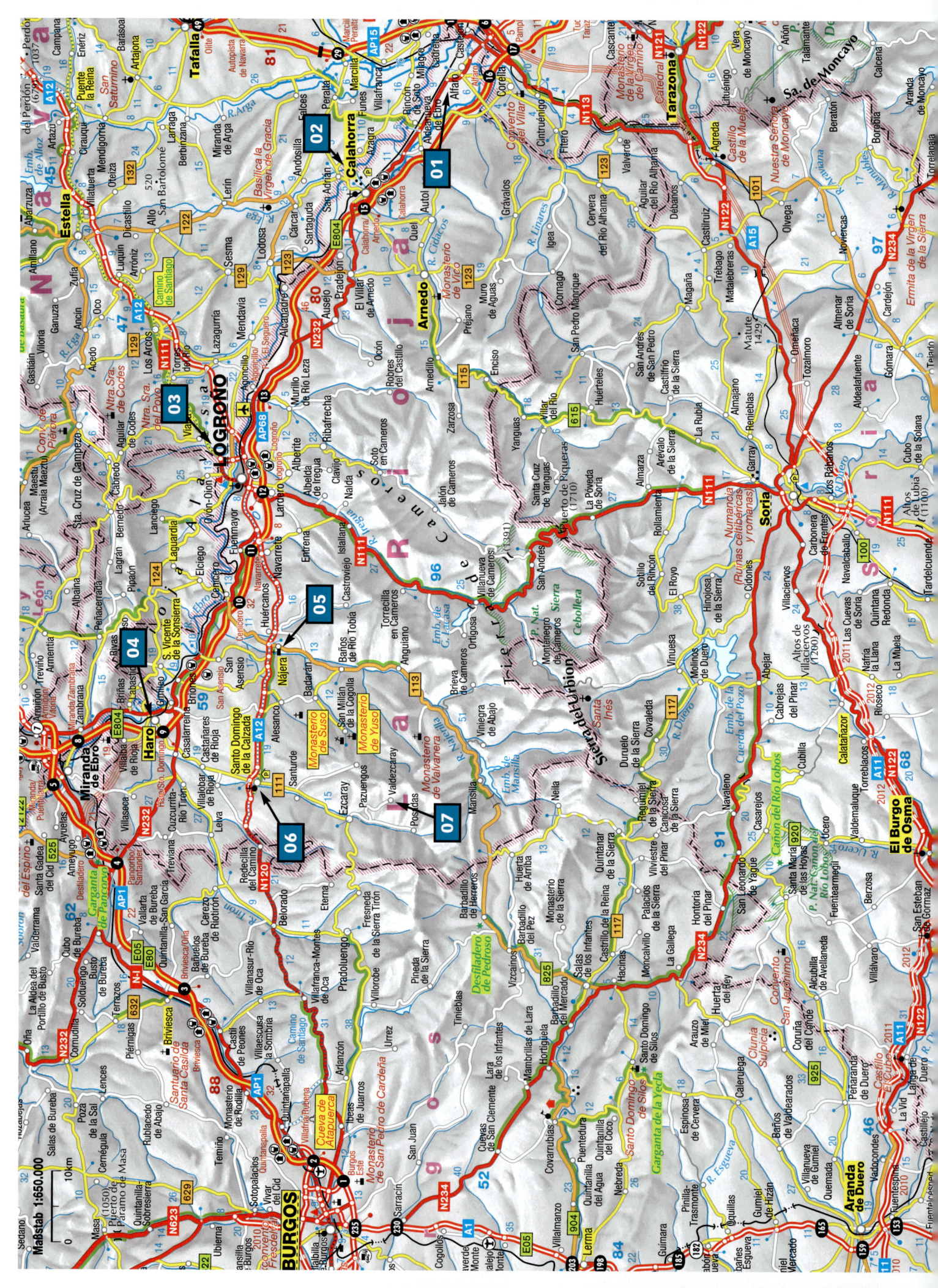

Infos

Von der Rebe bis zum fertigen Wein

Hier lernt man Wein in all seinen Erscheinungsformen kennen. Wer zudem in die Geschichte Spaniens abtauchen möchte, Naturerlebnisse oder die sportliche Herausforderung sucht, wird ebenfalls fündig.

01 ALFARO

Bekannt ist der Ort (10 000 Einwohner) für das Naturschutzgebiet **Sotos de Alfaro** entlang des Río Ebro. Zwei Rundwege führen durch die Flussauen, die rund 170 Vogelarten Lebensraum bieten (Informationszentrum in Alfaro: Pl. de España 1, Tel. 941 18 29 99, Juni–Sept. Di.–Sa. 10.00–14.00, 18.00–21.30, So./Fei. 10.00–14.00, Okt.–Mai Mi.–So. 9.30–14.30 Uhr, www.larioja. org/sotosdealfaro).

Sehenswert ...

... ist die Stiftskirche **San Miguel Arcángel** aus dem 17. Jh. Die **Fassfabrik Magreñán** bietet nach rechtzeitiger Voranmeldung Werksführungen an (Avda. del Ebro s/n, Tel. 941 18 00 23, www.magrenan.es).

Information

Oficina de Turismo Alfaro. Pl. de España 1, E-26540 Alfaro, Tel. 941 18 01 33, Juni–Sept. Di.–Sa. 10.00–14.00 und 17.00–19.00, So./Fei. 11.00–14.00, Sept.–Mai Di.–Do. 10.00–14.30, Fr./Sa. 10.30–14.00 und 17.00–19.00, So./Fei. 11.00–14.00 Uhr, www.alfaro.es

02 CALAHORRA

Die alte Bischofsstadt **Calahorra** (24 000 Einw.) an der Grenze zu Navarra erreichte unter den Römern eine erste Blütezeit. Bis zur Vertreibung der Juden aus Spanien im 15. Jh. lebte hier die größte jüdische Gemeinde der Rioja.

Sehenswert/Museum

Reste des **Zirkus** und des Aquädukts zeugen von der Römerzeit, die gut erhaltene römische Büste der „Dama de Calagurris" ist im städtischen **Museum** zu bewundern (C/ Ángel Oliván 8, Di.–Fr. 11.00–13.30 und 18.00–21.00, Sa. 11.00–14.00 und 18.00–21.00, So./Fei. 12.00 bis 14.00 Uhr). Die Judería war das Judenviertel in der Altstadt. Eine barocke Fassade ziert die gotische **Kathedrale** (15.–18. Jh.). Das **Diözesanmuseum** zeigt u.a. Werke von Zurbarán und Tizian (10.00–13.00 und 16.00–18.00 Uhr).

Information

Oficina de Turismo, Ángel Oliván, 8 E-26500 Calahorra, Tel. 941 105 06, Di.–Fr. 11.00–13.30 und 17.00–19.30, Sa. 10.00–14.00 und 17.00–19.30, So./Fei. 10.00–14.00

Frank O. Gehrys Hotel Marques de Riscal in der Nähe von Logroño ist „das Guggenheim der Bodegas"

Sommer: Mo.–Sa. 10.00–14.00 und 16.30–19.30, So./Fei. 10.00–14.00 Uhr, www.ayto-calahorra.es

03 LOGROÑO

Die Hauptstadt (150 000 EW) der Rioja am wasserreichsten Fluss Spaniens, dem Ebro, ist seit dem Mittelalter Station am Jakobsweg.

Sehenswert/Museum

Die **Catedral de Santa María de la Redonda** (16./18. Jh.) beherbergt zwei schöne geschnitzte Altäre (16./17. Jh.) und ein Chorgestühl aus dem 16. Jh. Davor dient die **Plaza del Mercado** seit dem 16. Jh. als Marktplatz. Auf der Rúavieja durchqueren die Jakobuspilger die Altstadt. In den **Weinkellern** (sp. Celado) darunter reifte ab Ende des 16. Jh. Wein. Der spitze Turm der **Iglesia de Santa María de Palacio** ist das Wahrzeichen der Stadt (12./13. Jh. und 16. Jh.; tgl. 9.00–13.30 und 18.30–20.30 Uhr). Ein kämpferischer Santiago „Matamoros" (Maurentöter) thront über dem Hauptportal der **Iglesia de Santiago el Real** (16. Jh.; tgl. 8.15–13.15 und 18.30–19.00 Uhr). Wechselnde Ausstellungen moderner und zeitgenössischer Kunst zeigt das **Museo Würth La Rioja**, die Sammlung des gleichnamigen baden-württembergischen Unternehmers (Industriegebiet El Sequero am südl. Stadtrand, Avda. Los Cameros, E-26150 Agoncillo, Tel. 941 010 4 10, www.museowurth.es, Mo.–Sa. 10.00 bis 20.00, So. 10.00–15.00 Uhr).

Veranstaltungen

San Bernabé, Erinnerung an die 1521 erfolgreich abgewehrte französische Belagerung; am 11. Juni große Prozession mit Verteilung von Brot, Fisch und Wein (den einzigen Nahrungsmitteln während der Belagerung).
San Mateo – Vendimia Riojana: Beginn der Weinlese, mit „Pisado de la Uva" (Traubentreten mit den Füßen), Kuhtreiben, Gastronomiewoche u.v.m. (um den 21. Sept.)

Restaurant/Unterkunft

€€€€ **Restaurante Cachetero**, C/ Laurel 3, Tel. 941 22 84 63, www.cachetero.com. Renommiertes Familienrestaurant, in dem es sich schon Mitglieder des spanischen Königshauses schmecken ließen.

Umgebung

Clavijo (17 km südl.), im 9. Jh. Entstehungsort des Mythos von Jakobus dem Maurentöter. Die Burgruine stammt wohl aus dem 11. Jh.
In den rund 22 km nordwestl. gelegenen Ort **Elciego** fährt man vor allem wegen Frank O. Gehry. Der entwarf die neue Bodega sowie das €€€€ **Restaurant und Hotel Marqués de Riscal** (C/ Torrea 1, E-01340 Elciego, La Rioja Alavesa/Baskenland, Tel. 945 18 08 88, www.marquesderiscal.com, 43 Zi. Das verspricht Genuss auf höchstem Niveau! Für köstliche Entspannung sorgt die Weintherapie im Spa-Bereich.

Information

Oficina de Turismo, C/ Portales 50 (Edificio Escuelas Trevijano), E-26071 Logroño,

Infos

Tel. 941 27 33 53, Mo.–Sa. 10.00–14.00 und 16.30–19.30, So. 10.00–14.00, Juli–Sept. tgl. 9.00–14.00 und 17.00–20.00 Uhr, www.logroturismo.org

04 HARO

Mit rund 25 Bodegas ist **Haro** die unangefochtene Weinhauptstadt (12 000 Einw.) der Rioja und Spaniens. Seit dem Mittelalter dreht sich alles um Wein.

Sehenswert

Die **Altstadt** erstreckt sich rund um die Plaza de la Paz mit dem neoklassizistischen **Rathaus** (18. Jh.) und zahlreichen Palästen aus dem 16. bis 18. Jh. wie etwa dem **Palacio de Paternina** (16. Jh., Renaissance) oder dem **Palacio de los Condes de Haro** (16./17. Jh., frühes Barock). Ein platereskes Portal schmückt die Südfassade der **Iglesia de Santo Tomás** (16./17. Jh.; Info zu Besichtigungszeiten: Tel. 941 31 20 08). Außerhalb der Altstadt liegt die barocke **Basílica de Nuestra Señora de la Vega** (18. Jh.).

Erleben

Einen multimedialen Einblick in die Weinkultur und **Einführungskurse** in die **Weinverkostung** gibt das Centro de Interpretación del Vino de La Rioja (Estación Enológica, Avda. Bretón de los Herreros 4, Tel. 941 30 57 19, www.vinodelarioja.org).

Veranstaltungen

Aus der Wallfahrt zur Ermita de San Felices auf dem Bilibio-Hügel vor Haro und der „Taufe" der Pilger mit Wein entwickelte sich die **Weinschlacht** (Batalla del Vino). Am 29. Juni bespritzen sich die Teilnehmer ab 10.00 Uhr mit Tausenden von Litern Wein aus Kanistern, Schläuchen bis hin zu Schuhen. Danach wird gefeiert.

Restaurants

€€€ **Restaurante Las Duelas**. C/ de la Vega 31-33, Tel. 941 30 44 63, www.lasduelas.com. Küchenchef Juan Nales lernte u.a. bei Sternekoch Pedro Subijana und kreiert mit modernen Techniken typische Gerichte aus der Rioja.

€€€€ **Restaurante Terete**. C/ Lucrecia Arana 17, Tel. 941 31 00 23, www.terete.es. Die dritte Generation des 1877 gegründeten Familienrestaurants setzt auf Tradition. Spezialitäten des Hauses sind Menestra de Verduras (Gemüseeintopf mit frischen Zutaten), Cordero Asado al horno de leña (Lamm aus dem Holzofen) und hausgemachte Nachspeisen.

Unterkunft

€€/€€€ **Hotel Los Agustinos**, San Agustín 2, Tel. 941 31 13 08, www.hotellosagustinos.com.

Hotel in einem 2006 sanierten Kloster aus dem 14. Jh. Helle, freundliche Zimmer. Prunkstück ist die von einem Glasdach überdachte Halle.

Information

Oficina de Turismo de Haro, Plaza Monseñor Florentino Rodríguez s/n. E-26200 Haro, Tel./Fax: 941 30 33 66, Mo.–Sa. 10.00–14.00 und 16.00–19.00 Uhr, So geschl., www.haro.org

05 NÁJERA

Das unter einer roten Felswand am Río Najerilla gelegene Nájera (8300 Einw.) entstand aus einem römischen Stützpunkt, wurde von Westgoten und Arabern besetzt und war im 11. Jh. Residenzstadt der Könige von Navarra. Der Jakobsweg macht auch hier Station.

Sehenswert

König García Sánchez III. ließ das monumentale **Monasterio de Santa María de la Real** ab 1045 über einer Grotte errichten, in der er ein Marienbild gefunden hatte. Besonders kostbar

Tipp

Wein erleben

Das **Weinmuseum** in der Umgebung von 04 **Haro** zeigt eine Dauerausstellung zur Geschichte des Weinbaus, außerdem werden eine Besichtigung der hauseigenen Bodega sowie Verkostungskurse angeboten. Eine Besonderheit für die Botaniker unter den Weinliebhabern ist der Bacchus-Garten mit über 200 verschiedenen Rebsorten, darunter 14 spanische Trauben aus dem 16. Jh. und 87 Rebsorten nicht spanischer Herkunft.

Museo de la Cultura del Vino, Carretera Nacional 232, E-26330 Briones (8 km südöstl. von Haro), Reservierung unter Tel. 941 32 23 23 (Di.–Fr. 10.00–18.00 Uhr), www.dinastiavivanco.com

ist der romanische Sarkophag von Doña Blanca de Navarra (12. Jh.) in der königlichen Krypta (Panteón Real). Die **Stiftskirche** entstand ab 1432. Interessant sind das geschnitzte Chorgestühl (15. Jh.) und der Kreuzgang mit gotischem Maßwerk (16. Jh.; Ostern–Okt. Di.–Sa. 10.00–13.00 und 16.00–19.00, So./Fei. 10.00 bis 12.30 und 16.00–18.00, Nov.–Ostern bis 17.30 Uhr, Aug. auch Mo. geöffnet, www.santa-marialareal.net).

Information

Oficina de Turismo de Nájera, Plaza San Miguel 10, Tel./Fax 941 36 00 41, E-26300 Nájera, www.najera.es

06 SANTO DOMINGO DE LA CALZADA

Als Schauplatz des berühmten Hühnerwunders eine der legendärsten Stationen am Jakobsweg (6700 EW). Seit 1993 besteht eine Städtepartnerschaft mit Winnenden (Baden-Württemberg).

Sehenswert

Das Herzstück bildet die **Kathedrale** (12./13. Jh., barocker Kirchturm aus dem 18. Jh.) mit monumentalem Hauptaltar, geschnitztem Chorgestühl (beides 16. Jh.), dem Kreuzgang (17. Jh.) und dem prächtigen Grab des Stadtgründers (12.–16. Jh.). Gegenüber dient das von Domingo von Viloria (1019–1109) gegründete Pilgerhospiz heute als **Parador Nacional**. Die seit 1044 bestehende Pilgerherberge der Cofradía del Santo in der C/ Mayor gilt als älteste am Jakobsweg. Hinter der Kathedrale erstreckt sich die von Arkaden gesäumte **Plaza de España**.

Unterkunft

€€/€€€ **Parador de Santo Domingo de la Calzada**, Plaza del Santo 3, Tel. 941 34 03 00, www.paradores.de. Solider Parador im ehemaligen Pilgerhospiz (aktueller Bau 12. Jh.), gegenüber der Kathedrale, 71 Zi.

Umgebung

San Millán de la Cogolla (25 km südl.) mit den Klöstern **Suso** und **Yuso** (UNESCO-Weltkulturerbe): Das an einen Fels gebaute Suso (im 5. Jh. vom hl. Millán gegründet) beherbergt den angeblich ältesten Altar Spaniens. Das aktuelle, vorwiegend mozarabische Gebäude stammt aus dem 10. Jh.; (Anmeldung für Besichtigung notwendig: Tel. 941 37 30 82 oder Kloster Yuso: Di.–So. 9.30–13.30 und 15.30–18.30, Okt.–Ostern 9.30–13.30 und 15.30–18.00 Uhr; Transfer im Minibus zum 2 km entfernten Kloster). Im Tal liegt das 1053 gegründete Yuso (monumentaler Gebäudekomplex, 16.–18. Jh., auch Escorial

der Rioja genannt). Sehenswert sind die bis zu 60 kg schweren mittelalterlichen Gesangbücher und der Claustro de San Agustín (Kreuzgang, 16. Jh.; Ostern–Sept. Di.–So. 10.00 bis 13.30 und 16.00–18.30, Mo. geschl. außer Aug., Okt.–Ostern Di.–So. 10.00–13.00 und 15.00 bis 17.30 Uhr, www.monasteriodeyuso.org).

Information

Oficina de Turismo, C/ Mayor 33,
E-26250 Santo Domingo de la Calzada,
Tel. 941 34 12 38, info@santodomingodelacal-
zada.org,
Di.–Fr. 11.00–14.00 und 16.00–19.00,
Sa./So./Fei. 10.00–14.00 und 16.00–20.00 Uhr,
www.santodomingodelacalzada.org

07 VALDEZCARAY

Die Skistation Valdezcaray ist ein kleines, aber feines Wintersportgebiet an den Hängen des San Lorenzo (2271 m). Zwischen 1530 bis 2128 m Höhe sind 22 Pisten mit insgesamt 30 km Länge angelegt (davon zehn rote und zwei schwarze). Die Saison dauert von ca. Dez. bis Mitte April. Spezielle Betreuungsangebote für Kinder. Im Sommer ist die Sierra de la Demanda ein lohnendes Wandergebiet.

Unterkunft

€ Hotel Echaurren, Padre José Garcia 19, E-26280 Ezcaray (15 km nördl. des Skigebiets gelegen), Tel. 941 35 40 47, www.echaurren. com. In fünfter Generation betriebenes Haus im historischen Zentrum von Ezcaray. Gediegen-gemütlicher Landhausstil zu vergleichsweise eher moderaten Preisen, 25 Zi.

Restaurant

€€€€ Restaurante Echaurren El Portal, Padre José Garcia 19, E-26280 Ezcaray, Tel. 941 35 40 47, www.echaurren.com. Seit dem Jahr 2001 der moderne Gegenpol zum traditionellen Hotel-Restaurant Echaurren. Chefkoch Francis Paniego, der u.a. bei Arzak und Subijana sein Handwerk lernte, holte 2005 den ersten Michelin-Stern in die Rioja.

Veranstaltungen

An zwei Wochenenden findet im Juli in Ezcaray (2000 Einw.) ein **Jazzfestival** statt mit mehreren Bühnen und Gratiskonzerten in Restaurants; zum Beiprogramm gehören u.a. Weinproben (www.jazzdezcaray.com).

Information

Estación de esquí y montaña de La Rioja,
Avenida de Navarra 11, E-26280 Ezcaray (La
Rioja), Tel. 902 35 02 35, Fax: 941 42 20 01,
www.valdezcaray.es

Dinosauriern auf der Spur

Spätestens seit dem Film „Jurassic Park" üben Dinosaurier eine ganz spezielle Faszination auf Kinder aus. Doch während sie die längst versunkene Welt der Urtiere in der Regel nur aus animierten Filmen und als Spielzeug kennen, wird die Vergangenheit in der Rioja ganz real erlebbar: Vor rund 120 Millionen Jahren hinterließen die mächtigen Urzeitreptilien hier ihre Fußabdrücke und fossile Knochenreste.

Unvorstellbar, aber wahr: Vor vielen Millionen von Jahren herrschte in der Rioja ein tropisches Klima. Wo heute Weinreben gedeihen, tummelten sich der Iguanodon („Leguanzahn"), Deinonychus („Schreckenskralle"), Ouranosaurus, Psittacosaurus und Hypselosaurus („hohe Echse") an karibisch anmutenden Stränden. Circa 70 km südlich von Logroño drückten die gewaltigen Tiere ihre Fußspuren in das weiche Marschland. Rund um die Orte Enciso, Igea und Munilla führt die „Ruta de los Dinosaurios" zu den markantesten Abdrücken und Fundstätten von Fossilien. Im Barranco de la Canal etwa findet sich die mit 33 versteinerten Fußabdrücken längste Trittspur der Rioja, bei Valdete wurden die Spuren eines hinkenden Pflanzenfressers identifiziert, ein 120 Millionen altes Baumfossil hat sich bei Igea erhalten.

Ruta de los Dinosaurios: Spuren der Zeit

Zur Vertiefung der Thematik lohnt sich ein Besuch im paläontologischen Zentrum von Enciso. Mit Fossilien, Schautafeln, lebensgroßen Modellen und Bildern vermittelt das in einer ehemaligen Schuhfabrik untergebrachte „Dinosauriermuseum" recht umfangreiches Hintergrundwissen zur einstigen Lebenswelt der Dinosaurier.

ADRESSE, ÖFFNUNGSZEITEN, ANFAHRT

Centro Paleontológico Enciso (Dinosauriermuseum) C/ El Portillo 3, 26586 Enciso, Tel. 941 39 60 93, www.dinosaurios-larioja.org (mit Plan der wichtigsten Fundstellen von Dinosaurierspuren), **Juni–15. Sept.** tgl. 11.00–14.00, 17.00–20.00, sonst Mo.–Sa. 11.00–14.00, 15.00–18.00, So./Fei. 11.00–14.00 Uhr. **Anfahrt:** Ab Logroño (70 km südl.) über die A 68, Abfahrt 13 Argoncillo, weiter auf der N-232 bis Villar de Arnedo, von dort geht es dann weiter auf der LR-123/LR-115 bis Enciso.

Vielfältiger als sein Ruf

Die Meseta Kastiliens beeindruckt vor allem durch das, was dieser Hochebene fehlt: Bäume, Wälder, Berge. Dazwischen findet man weit verstreut liegende winzige Dörfer, eine auf Himmel und Erde reduzierte Region, in der stets in weiter Ferne der Horizont wie ein dünner Faden erscheint. Von hier aus legten die Königreiche Kastilien und León den Grundstein für das heutige Spanien.

Traditionspflege in Burgos: Die Stadt wurde im Jahr 884 von Graf Diego Porcelos als Bollwerk gegen die Mauren gegründet

Auch die im Glanz ihrer Sakralbauten erstrahlende alte Königsstadt León ist eine Pflichtstation auf dem Jakobsweg: Kathedrale (rechts und ganz unten), Stiftskirche San Isidoro (unten) und der einstige Klosterkomplex San Marco zeugen vom gelebten Glauben in einer Stadt, die bereits der Codex Calixtinus, ein mittelalterlicher Pilgerführer, als „wohlhabend" und „angefüllt mit allen Arten von Gütern" bezeichnete. Das ist heute nicht anders als damals ...

Groß und Klein, einträchtig vereint: Gigantillos, riesige menschliche Puppen, ziehen während der Fiesta de San Pedro y San Pablo durch die Straßen von Burgos

Kastilien, das ist kerniges, erdiges Urspanien, ein bisschen garstig zuweilen, geprägt vom entbehrungsreichen Leben auf den öden und klimatisch harschen Weiten.

Das am Nordrand der zentralspanischen Hochebene gelegene Castilla y León ist gewiss kein mit süßem Liebreiz oder klassischer Urlaubsromantik verführendes Reiseziel. Kastilien, das ist kerniges, erdiges Urspanien, ein bisschen garstig zuweilen, geprägt vom entbehrungsreichen Leben auf den öden und klimatisch harschen Weiten. Doch wer sich einmal darauf eingelassen hat, den lässt es nicht mehr los. Ob bequem mit dem Auto oder tapfer als Pilger zu Fuß erlebt, offenbart sich hier ein enormer kultureller, aber auch landschaftlicher Reichtum.

Nach dem Eindringen der nordafrikanischen Mauren auf der iberischen Halbinsel war das Gebiet südlich des kantabrischen Gebirgszugs zeitweise entvölkertes Niemandsland. Während die Araber ihren Einflussbereich im Süden festigten, formierte sich von Asturien aus der christliche Widerstand. An der Schnittstelle trafen beide Kulturen aufeinander, verschmolzen zunächst zu etwas Neuem, statt sich zu bekämpfen. Im 10. Jahrhundert verzierten dann christliche Mönche, die in Córdoba unter den Arabern gelebt hatten, das Kirchlein San Miguel de la Escalada bei León mit orientalisch anmutenden Hufeisenbögen. In Sahagún entstanden mit arabischem Dekor verzierte Backsteinkirchen im Mudéjar-Stil.

Nicht zuletzt über den Jakobsweg gelangten neue europäische Strömungen ins Land. Entlang der Pilgerroute blühte die Romanik auf, am beeindruckendsten in Frómista und in der Isodro-Basilika von León. Später übernahmen Dombaumeister von Burgos und León für ihre Kathedralen von den französischen Kollegen den neuen spektakulären Stil der Gotik.

DER IDEALTYPISCHE RITTER

Kirchenbau war zur Zeit der Reconquista natürlich auch Politik, eine christliche Manifestation im Kampf gegen die andersgläubigen Muslime. Seit dem Sieg des asturischen Königs Pelayo im Jahr 722 bei Covadonga breiteten die neuen christlichen Königreiche ihr Machtgebiet immer weiter nach Süden aus. Wechselnde Koalitionen, auch zwischen Christen und Mauren, waren dabei keine Seltenheit. Auch der nahe Burgos geborene Rodrigo Díaz de Vivar (1043–1099), besser bekannt als El Cid (vom Arabischen „sayyid", „der Herr"), wechselte mehrmals die Seiten, ehe er 1094 die Mittelmeerstadt Valencia für die Christen eroberte. Schon Ende des 12. Jahrhunderts wurde er im Epos „Cantar del Mío Cid" als idealtypischer Ritter verehrt, die Gebeine des Nationalhelden ruhen in der Kathedrale von Burgos. Die Katholischen Könige Isabel von Kastilien und Ferdinand von Aragonien leg-

Bei Castrojeriz: Auch aus Norwegen kommen Pilger auf den Jakobsweg

UNESCO-Welterbe Las Médulas: Mithilfe von mehreren Tausend Sklaven förderten die Römer in den von ihnen ab dem 1. Jahrhundert n. Chr. angelegten Minen rund 250 Jahre lang Gold zutage

ten im 15. Jahrhundert durch den Zusammenschluss ihrer beiden mächtigen Reiche den Grundstein für den Einheitsstaat Spanien, dessen Hochsprache bis heute das Castellano, das Kastilische, ist.

VON KARG BIS LIEBLICH

Für die mittelalterlichen Jakobspilger war Kastilien ein Wechselbad der Gefühle. In den riesigen, dunklen Oca-Wäldern östlich von Burgos trachteten ihnen wilde Tiere und skrupellose Räuber nach dem Leben. Anfang des 12. Jahrhunderts trotzten Juan aus Ortega und seine kleine Glaubensgemeinschaft den Unholden und gründeten mitten in den Wäldern ein Pilgerhospiz. Auch wenn längst keine Gefahren mehr in den Montes de Oca drohten, nach stundenlanger Wanderung fernab der Zivilisation kommt einem das alte Kloster von San Juan de Ortega doch immer noch wie eine Erlösung vor.

Sengende Hitze im Sommer und eisige Kälte im Winter macht das Pilgern zwischen Burgos und León zur Tortur. Rund 300 Kilometer zieht sich der Weg durch baum- und schattenlose Weiten. Doch gerade diese Reduzierung der Eindrücke schärft Sinne und Blick für die kleinen Schönheiten am Wegesrand. Selbst eine Kathedrale wie die von León wirkt mit dem Staub vieler Tagesmärsche an den Schuhen ungleich eindringlicher, lässt einen die prachtvollen Glasfenster und das elegant in die Höhe strebende Gewölbe mit mittelalterlichem Staunen wahrnehmen.

WOHLSTAND AUS DEM NICHTS

Die Römer versetzten südwestlich von Ponferrada Berge, um an das begehrte Gold zu gelangen. „Las Médulas" nennt man die heute als Zeugnisse antiken römischen Bergbaus von der UNESCO zum Weltkulturerbe erklärten Reste altrömischer Goldminen. Einige Jahrhunderte später war man zwar nicht weniger auf Reichtum erpicht, aber schlauer. Lassen sich widrige Bedingungen nicht ändern, muss man sie nutzen. Also bevölkerten im Mittelalter Millionen von

Auf der Meseta zeigt die Natur ein gnadenloses Gesicht – im Winter eiskalt, im Sommer drückend heiß. Doch das Monasterio de Vega weiß der rauen Natur seit dem 10. Jahrhundert zu trotzen

Zwischen Burgos und León, den beiden Wappenstädten von Castilla y León, wird der Jakobsweg zur Durststrecke für die Pilger

Astorga: Der von Antoni Gaudí gestaltete ehemalige Bischofspalast (oben und rechts) beherbergt heute ein Pilgermuseum (Museo de los Caminos). Auftraggeber des ab dem Jahr 1889 begonnenen Baus war Bischof Juan Bautista Grau – Katalane wie Gaudí, dessen phantasievoll verschnörkelte Architektur zum Zerwürfnis führte und dazu, dass ab 1913 Ricardo García Guereta den Palast, in dem allerdings nie ein Kirchenfürst residierte, in einem „moderateren" Stil weiterführte

Wahrzeichen von Ponferrada ist die hoch über dem Río Sil gelegene, ursprünglich im 12./13. Jahrhundert errichtete, später mehrfach umgestaltete und bis heute immer wieder renovierungsbedürftige Templerburg, Castillo de los Templarios

genügsamen Schafen die karge Meseta. Ihre Wolle bescherte Städten wie Burgos, dem Zentrum des kastilischen Wollhandels, enormen Reichtum. Selbst noch das ferne Bilbao profitierte mit dem Monopol über die Verschiffung nach Flandern und England davon. Als nicht zu verachtender Nebeneffekt der Schafzucht hat sich „Cordero al horno" – im Ofen gegartes Lamm – zu einer regionalen Spezialität entwickelt, die wie die „Morcilla de Burgos", die mit Reis, Fett und Zwiebeln zubereitete Blutwurst, nicht mehr aus der ziemlich deftigen kastilischen Küche wegzudenken ist.

Das zweite wirtschaftliche Standbein war und ist der Getreideanbau. Die bis hinter den Horizont reichenden Felder leuchten im Frühjahr in sattem Grün, darin knallrote Klatschmohnfelder. Im Sommer verwandeln sie sich in wogende goldgelbe Teppiche, und selbst noch im erdigen Winterbraun haben sie ihren ganz eigenen Reiz.

DER BERG DER SORGEN UND SEELENLASTEN

Zum Lohn für die Entbehrungen zeigt Kastilien den Pilgern am Ende ein freundliches Gesicht. Im Westen der Provinz León erstreckt sich rund um Astorga die Maragatería: eine eigenwillige Landschaft am Fuß der mehr als 2000 Meter hoch aufragenden Montes

de León. Gelber Ginster, rosa Heidekraut und knorrige Steineichen prägen die Vegetation, darin schmucke Dörfer ganz aus rotem Schiefer, wie Castrillo de los Polvazares, Santa Catalina de Somoza oder Rabanal del Camino.

Auf einem einsamen, 1500 Meter hohen Pass steht das Cruz de Ferro, das

Zum Lohn für die Entbehrungen zeigt Kastilien den Pilgern am Ende ein freundliches Gesicht.

kleine eiserne Kreuz, auf einem imposanten Steinberg. Ungezählte Pilger haben ihn mit symbolisch abgelegten Sorgen und Seelenlasten über die Jahrhunderte wachsen lassen.

Über die Bergdörfer El Acebo und Riego de Ambrós steigt der Jakobsweg schließlich hinunter in das hübsche Fachwerkstädtchen Molinaseca und weiter bis nach Ponferrada mit der beeindruckenden Templerburg. Kirschen, Äpfel und Wein gedeihen in dem milden Klima – das reinste Schlaraffenland für Gaumen und Auge. Früher schürften die Menschen hier nach Eisen und Kohle, heute setzt das Bierzo vor allem

auf seine oberirdischen Qualitäten. So erlebt die lange Winzertradition seit einigen Jahren eine Renaissance.

VERSÖHNLICHER ABSCHIED

Französische Mönche sollen im 11. Jahrhundert den Weinbau im El Bierzo eingeführt haben. Ende des 15. Jahrhunderts fand der deutsche Mönch und Pilger Hermann Künig von Vach den Wein in seinem Reisebericht erwähnenswert, riet aber, ihn mit Bedacht zu trinken, da er „viele um den Verstand" bringe. Ungeachtet dessen schätzen bis heute viele Weinliebhaber die erstaunlich gute Qualität der fruchtig-vollmundigen Rotweine, auch wenn sie ihren Preis hat.

Derart heiter gestimmt, fällt die letzte Hürde auf dem Weg nach Galicien, der Aufstieg auf den über 1300 Meter hohen Pass bei O Cebreiro kaum mehr ins Gewicht. Die schattigen Bergwälder sind ein mehr als versöhnlicher Abschied vom eigenwilligen Charme Kastiliens.

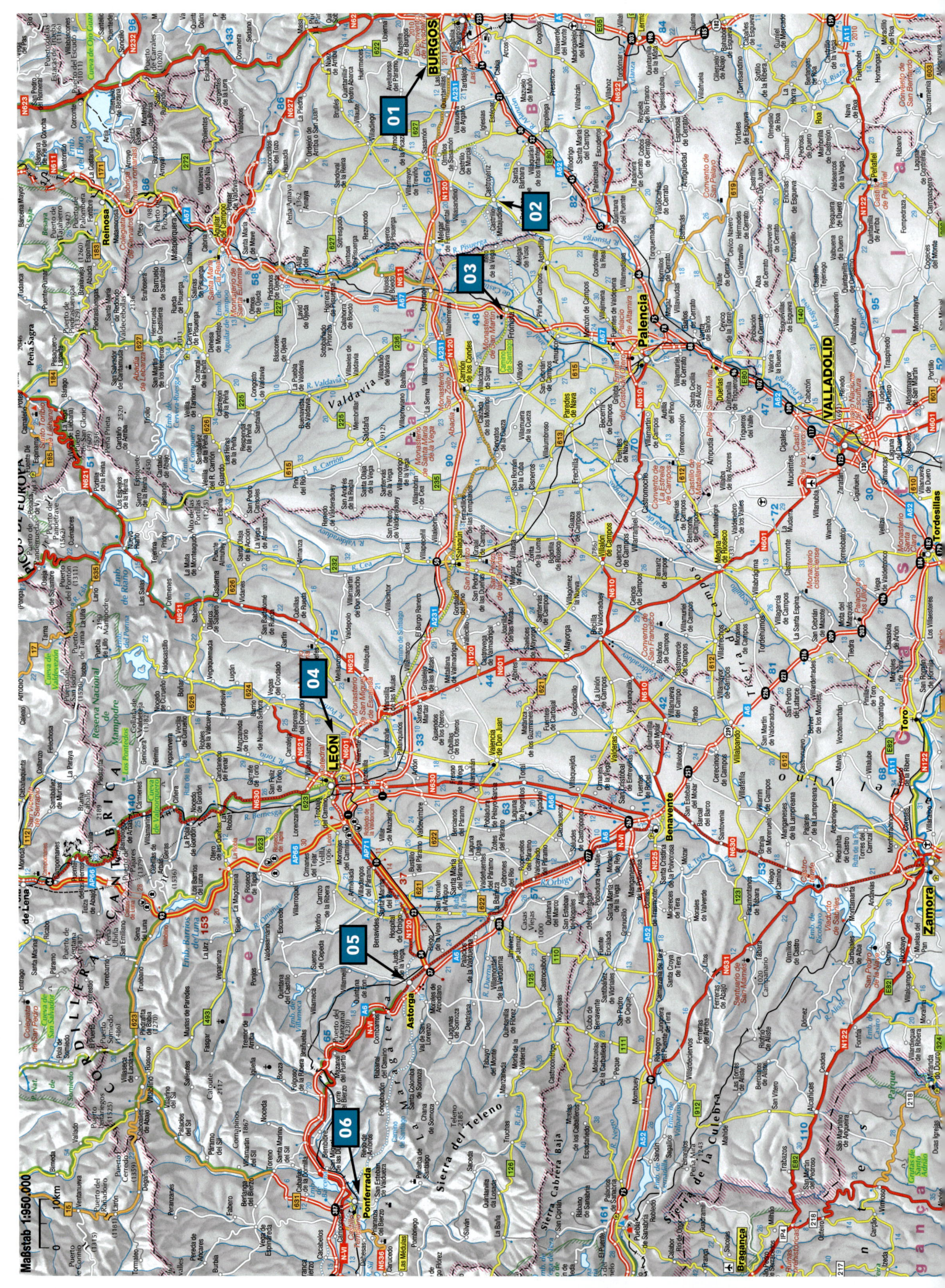

Licht und Schatten auf der kastilischen Hochebene

Die aus marmorartigem weißen Kalkstein ...

Kastilien steht für die schier unendliche, baumlose Weite der Meseta, für sengende Sommerhitze und harsche, eisige Winter. Für die Jakobspilger bedeutete diese Region vielleicht die härteste Prüfung ihrer Wanderung. Doch wie den widrigen Bedingungen zum Trotz finden sich hier prächtige Kathedralen wie in Burgos oder León und romanische Kleinode wie in Frómista.

01 BURGOS

„La fría", die Kalte, wird die Provinzhauptstadt **Burgos ▶TOPZIEL** (174 000 Einw.) genannt. Auf 860 m Höhe gelegen, herrscht hier oft kühles Wetter. Aber die im 9. Jh. gegründete Stadt am Jakobsweg birgt viele kunsthistorische Schätze.

Sehenswert
Die **Catedral de Santa María** (1221–16. Jh.; UNESCO-Welterbe) mit den beiden 84 m hohen Westtürmen (15. Jh.) ist ein gotisches Prachtexemplar. Das 84 m lange Hauptschiff wird vom Chor (Gestühl aus Nussbaum; kunstvolle Schmiedegitter, 16. Jh.) und Altar (16. Jh.) dominiert. Unter dem imposanten Kuppelgewölbe (16. Jh.) liegen der spanische Nationalheld El Cid (1043–1099) und seine Ehefrau Doña Jimena begraben. Vergoldete Geländer zieren die „Escalera dorada" (Goldene Treppe). In der Capilla del Santísimo Cristo wird eine aus Holz, Leder und Echthaar gefertigte Christusfigur (14. Jh.) verehrt. Der lustige „Papamoscas" (16. Jh., Fliegenfänger) schlägt über dem Westportal die Stunden. Im Süden schließt der zweige-

schossige Kreuzgang (13. Jh.) an (19. März–Okt. 9.30–19.30, Nov.–18. März 10.00–19.00 Uhr; www.catedraldeburgos.es). Weitere sehenswerte Kirchen sind die **Iglesia de San Nicolás de Bari** (15. Jh.) und die gotische **Iglesia de San Gil** (13.–15. Jh.). Durch den **Arco de Santa María** (16. Jh., altes Stadttor) gelangt man zum Paseo de Espolón am Río Arlanzón, von dort nach Osten zur Plaza del Cid (Statue des Cid) und zur zentralen Plaza Mayor. Am östl. Stadtrand liegt die **Cartuja de Miraflores** (Kartäuserkloster, Ende 15. Jh. von Königin Isabel von Kastilien gestiftet, tgl. 10.15–15.00, 16.00–18.00, So. 11.20–12.30, 13.00–15.00 und 16.00–18.00 Uhr). Östl. vom Zentrum steht der gotische Klosterkomplex **Huelgas Reales** (königl. Lustschloss, Ende 12. Jh. zum Zisterzienserinnenkloster umgewidmet; Di.–Sa. 10.00–13.00 und 15.45–17.30, So. 10.30–14.00 Uhr).

Veranstaltung
Ende Juni: **Fiesta de San Pedro y San Pablo**, u.a. mit Umzügen von Gigantillos (riesigen menschlichen Puppen).

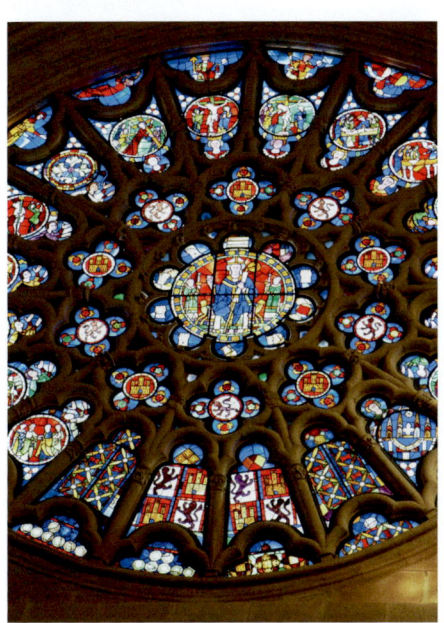

... errichtete Kathedrale von Burgos gehört ...

Restaurant/Unterkunft
€€€€ **Rest. Casa Ojeda**, C/ Vitoria 5 (Plaza del Cordón), Tel. 947 20 90 52, www.restaurante ojeda.com. Seit 1912 betriebenes rustikal-kastilisches Traditionsrestaurant.
€/€€ **Hotel La Puebla**, C/ La Puebla 20, Tel. 947 20 00 11, www.hotellapuebla.com. Hübsches Hotel in einem Gebäude aus dem 19. Jh. nahe der Kathedrale. Die Zimmer sind angenehm modern, allerdings leider doch etwas eng ausgefallen, 19 Zi.

... zu den bedeutendsten Bauwerken

Umgebung
25 km östl. finden sich die weltberühmten Ausgrabungsstätten von **Atapuerca** (UNESCO-Welterbe). Die dort gefundenen Hominidenfossilien zeugen von den frühesten Vorfahren des heutigen Menschen in Europa. Besichtigung mit Voranmeldung (Tel. 902 02 42 46, www.visitasatapuerca.com). Eine wichtige Station am Jakobsweg ist **San Juan de Ortega** (13 km weiter östl.; Klosterkomplex 12.–19. Jh., Grab des Pilgerwohltäters Juan de Ortega, 1080–1163).

Information
Oficina de Turismo, Pl. del Rey San Fernando, E-09003 Burgos, Tel. 947 28 88 74, Juli/Aug. tgl. 10.00–14.00, 17.00–20.00, Sept.–Juni Mo.–Fr. 10.00–14.00, 16.30–19.30, Sa./So. 10.30–14.00 u. 16.30–19.30 Uhr, www.turismoburgos.org

02 CASTROJERIZ

Der Jakobsweg prägte die bauliche Entwicklung von Castrojeriz (570 Einw.): Wie ein schmales Band schmiegt es sich rund 2 km lang um den alten Burgberg. Am Osteingang steht die ehemalige Stiftskirche **Santa María del Manzano** (11.–13. Jh.). Die Nonnen des **Convento de Santa Clara** (14. Jh. gegründet; südl. vom Zentrum) verkaufen Gebäck und Tau-Kreuze aus eigener Herstellung (tgl. 9.30–14.00 und 16.00 bis 20.00 Uhr).

Veranstaltung
Samstag vor dem 25. Juli: **Fiesta del Ajo**, zünftiges Knoblauch-Fest.

Infos

Umgebung

Mitten durch die Ruinen des **Antoniter-Klosters San Antón** (14./15. Jh.; 3,5 km östl.) verläuft der Jakobsweg. Nach Westen passiert er **Boadilla del Camino** (22 km; gotische Gerichtssäule, 16. Jh.).

Information

Oficina de Turismo, Calle Cordón 4, E-09110 Castrojeriz, Tel. 947 37 70 01, www.castrojeriz.com.

03 FRÓMISTA

Wie eine Insel liegt Frómista (850 Einw.) in den flachen Tierra de Campos, der Kornkammer Kastiliens. Die **Iglesia de San Martín** (1066 geweiht, 1896–1905 restauriert) ist mit ihren harmonischen Proportionen, den 315 figürlichen Kragsteinen an der Außenfassade und den bildhaften Säulenkapitellen im Innern ein Meisterwerk der Romanik (tgl. 10.00–14.00, 16.30 bis 20.00 Uhr). Das **Wehr** des Canal de Castilla (18./19. Jh) überwindet in mehreren Stufen beachtliche 14 Höhenmeter.

Umgebung

35 km südl. liegt die Provinzhauptstadt **Palencia** (83 000 Einw.) mit der sehenswerten Catedral de San Antolín (14.–16. Jh.).

Information

Oficina de Turismo, C/ Francesa 41, E-34440 Frómista, Tel. 979 81 01 28, Mo.–Fr. 10.00–14.00 und 16.00–19.00 Uhr, www.fro-mista.com

04 LEÓN

Die Provinzhauptstadt **León ▶TOPZIEL** (rund 130 000 Einw.) markiert für die Jakobspilger das Ende der Meseta. Die verkehrsberuhigte Altstadt besticht mit ihren freundlichen, in Gelb- und Orangetönen gehaltenen Fassaden. Im Jahr 68 n. Ch. als römischer Stützpunkt gegründet, war es vom 10.–13. Jh. die Hauptstadt des Königreichs León.

Sehenswert

Die **Catedral de León** (13.-14. Jh.) gilt als stilreinstes frühgotisches Bauwerk Spaniens. Außerordentlich schön ist die Raumwirkung durch die 125 Buntglasfenster (13.–20. Jh.). Bemerkenswert sind das aus Nussholz geschnitzte Chorgestühl (15. Jh.) und die Skulptur der schwangeren Virgen de la Esperanza (hl. Jungfrau der Hoffnung) in einer der Seitenkapellen (Juli–Sept. Mo.–Sa. 8.30–13.30, 16.00–20.00, So. 8.30–14.30 und 17.00–20.00, Okt.–Juni je bis

19.00 Uhr, www.catedraldeleon.org). Die **Real Basílica de San Isidoro** (10.–12. Jh.; seit 1063 Grabstätte des Hl. Isidoro, im 7. Jh. Erzbischof von Sevilla) ist ein prächtiges Zeugnis der Romanik. Die mit herrlichen Malereien (12. Jh.) ausgeschmückte königliche Grabkammer (Panteón Real) wird auch „sixtinische Kapelle der Romanik" genannt. Das **Museum** zeigt u.a. Stücke der Schatzkammer und den Reliquienschrein des hl. Isidoro (11. Jh.; Kirche: tgl. 7.00 bis 23.00; Museum/Panteón: Sept.–Juni Mo.–Sa. 10.00–13.30 und 16.00–18.30 Uhr, So. 10.00 bis 13.30; Juli/Aug. Mo.–Sa. 9.00–20.00, So. 9.00 bis 14.00 Uhr, www.sanisidorodeleon.org). Sehenswert sind ferner die von Antoni Gaudí ent-

Tipp

Kanu und Kajak gut

Zwischen 1753 und 1859 entstand der 207 km lange **Canal de Castilla**, auf dem das Getreide der Tierra de Campos zur Verschiffung in den Norden gelangte. Zwischen Valladolid und Alar del Rey verbindet er die Flüsse Carrión und Pisuerga. Mit 49 Wehren überwindet er dabei 150 Höhenmeter. Heute ist der Kanal bei Kanu- und Kajakfahrern für Mehrtagestouren beliebt. Von Melgar de Fernamental (35 km nordöstl. von 03 **Frómista**) fährt regelmäßig ein Ausflugsboot.

www.canaldecastilla.org, www.melgardefernamental.es

worfene **Casa Botines** (um 1891; ehemals Wohnhaus, jetzt Bank) und der **Palacio de los Guzmanes** (16. Jh., schöner Innenhof). Rund um die Plaza Mayor erstreckt sich das „Barrio húmedo", das „feuchte" Ausgehviertel.

Museum

MUSAC, wichtigstes Museum für zeitgenössische Kunst in Castilla y León (Avda. de los Reyes Leoneses 24, Di.–Fr. 10.00–15.00, 17.00 bis 20.00, Sa./So. 11.00–15.00 u. 17.00–21.00 Uhr, www.musac.org.es).

Veranstaltungen

Sehr ergreifende **Osterprozessionen** während der **Semana Santa**. Um 23./24. Juni: **San Juan** und **San Pedro**, Hauptfest der Stadt, u.a. Johannisfeuer und großes Feuerwerk.

Restaurant/Unterkunft

€€€€ **Rest. Cocinandos**, C/ Las Campanillas 1, Tel. 987 07 13 78, www.cocinandos.com. Modernes Restaurant mit ständig wechselndem, sechsgängigem Verkostungsmenü aus tagesfrischen Zutaten.

€€€€ **Parador de León – Hostal de San Marcos**, Pl. de San Marcos 7, Tel. 987 23 73 00, www.parador.es. Luxushotel im ehemaligen Kloster und Pilgerhospiz von San Marcos. Das Gebäude aus dem 16. Jh. zeigt eine beeindruckende Fassade zum Jakobsweg hin, 230 Zi.

Umgebung

Das ehem. Kloster **San Miguel de la Escalada** (10. Jh.; 30 km östl.) gilt als schönstes Beispiel mozarabischer Kirchenarchitektur (Seitengang aus Hufeisenbögen).

Information

Oficina de Turismo, C/ Cid 4 (Palacio de los Guzmanes), E-24001 León, Tel. 987 24 06 00. 10.00–14.00 und 16.00–20.00 Uhr, www.leon.es

05 ASTORGA

Das von den Römern gegründete Asturica Augusta (11 600 Einw.) ist Hauptstadt der Region Maragatería am Fuß der Montes de León. Hier trifft die von Sevilla kommende Vía de la Plata auf den Jakobsweg.

Sehenswert

Einen attraktiven Kontrast bilden die **Catedral de Santa María** (15.–18. Jh.) und der **Palacio Episcopal** von Antoni Gaudí (1886–1913; Jakobsweg-Museum Di.–Sa. 10.00–14.00, 16.00 bis 20.00, Winter bis 18.00, So. 10.00–14.00 Uhr). Im 18./19. Jh. war Astorga Zentrum der spanischen Schokoladenindustrie, das **Museo del Chocolate** widmet sich dieser Facette (C/ José María Goy Di.–Sa. 10.30–14.00, 16.30–19.00, Winter 16.00–18.00, So. 11.00–14.00 Uhr).

Restaurant/Unterkunft

€€€ **Rest. Las Termas**, C/ Santiago 1, Tel. 987 60 22 12, Spezialität des rustikalen Hauses ist der Cocido Maragato und traditionelle Hausmannskost.

€ **Hotel Casa de Tepa**, C/Santiago 2, Tel. 987 60 32 99, www.casadetepa.com. Gepflegtes Hotel mit reizvollem Innenhof in der Altstadt, 10 Zi.

DuMont Aktiv

Umgebung

Die typische Natursteinbauweise der Maraga-tería zeigt **Castrillo de los Polvazares** (6 km westl.). Über Rabanal del Camino und Foncebadón klettert der Jakobsweg zum legendären **Cruz de Ferro** (30 km westl.; Kreuz auf Berg aus „Pilgersteinen") auf 1530 m Höhe.

Information

Oficina de Turismo, Plaza Mayor s/n, E-24700 Astorga, Tel. 987 61 68 38, Juni–Sept. tgl. 10.00–13.30, 16.00–19.00, Okt.–Mai Di.–Sa. 10.00–13.30, 16.00–18.30, So. 10.00–13.30 Uhr, www.ayuntamientodeastorga.com

06 PONFERRADA

Die „Pons ferrata", die eisenbewehrte Brücke über den Río Sil, gab der Hauptstadt (42 000 Einw.) der Region El Bierzo im 11. Jh. ihren Namen. Tempelritter sorgten von hier aus für Sicherheit auf dem Jakobsweg.

Sehenswert

In die Ritterzeit versetzt die mächtige Templerburg **Castillo del Temple** (12./13. Jh., mehrfach umgebaut). In der **Basílica de Nuestra Señora de la Encina** (16./17. Jh.) wird die Schutzheilige der Region Bierzo verehrt (geschnitzter Hauptaltar um 1630–1640).

Museum

Das **Museo del Ferrocarril** (Eisenbahnmuseum) zeigt einige der letzten spanischen Dampflokomotiven (Mai–Sept. Di.–Sa. 11.00 bis 14.00, 17.00–20.30, Okt.–Apr. 16.00–19.00), So./ Fei. 11.00–14.00 Uhr).

Umgebung

Fast elsässisch mutet das Fachwerkstädtchen **Molinaseca** (7 km östl.) an. Westgotische Mönche gründeten im einsamen Valle del Silencio („Tal der Stille") zahlreiche Klöster. Am Ende des Tales beherbergt das malerische Dörfchen **Santiago de Peñalba** (26 km südl.) ein im 10. Jh. errichtetes mozarabisches Kirchlein. Nach Westen durchstreift der Jakobsweg die Weinbaustädte **Cacabelos** (14 km) und **Villafranca del Bierzo** (23 km) und verlässt Kastilien über den **O Cebreiro-Pass** (50 km; Museumsdorf) gen Galicien.

Information

Oficina de Turismo, C/ Gil y Carrasco 4, E-24400 Ponferrada, Tel. 987 42 42 36. Juni–Aug. Mo. bis Fr. 9.00–15.00 und 16.00–21.00, Sa. 10.00 bis 14.00 und 16.00–20.00, So. 11.00–14.00 Uhr. Sept.–Mai Mo.–Fr. 9.00–15.00 und 16.00 bis 18.00, Sa. 10.00–14.00 und 16.00–18.00, So. 11.00–14.00 Uhr, www.ponferrada.org

Wenn der Wille Berge verschwinden lässt

Der menschliche Wille kann Berge versetzen, heißt es. Auf der Suche nach dem begehrten Edelmetall Gold beseitigten die Römer störende Erdmassen gleich ganz. Der Nachwelt hinterließen sie mit den Las Médulas eine einzigartige, gut zu besichtigende Kulturlandschaft.

Von etwa 30 v. Ch. bis 160 n. Ch. betrieben die Römer die Goldminen der **Las Médulas** ▶ **TOPZIEL** bei 06 **Ponferrada**. Der Name der angewandten Technik war Programm: „Ruina Montium". Mit einem ausgeklügelten System von Wasserkanälen wurden Stollen in die Erde getrieben und Bergteile weggesprengt, um an die Goldadern zu gelangen. Nach heutigen Berechnungen bewegten die Römer dabei auf einer Fläche von 1228 Hektar rund 93 Mio. Kubikmeter Erde, um rund 4700 Kilogramm Gold herauszuwaschen. Was nach heutigen Maßstäben als gigantische Umweltzerstörung angeprangert werden würde, das präsentiert sich rund 2000 Jahre später als faszinierendes Gesamtkunstwerk mit UNESCO-Welterbestatus.

Besonders in der Morgen- und Abendsonne präsentieren sich die bizarren, leuchtend roten Erdkegel über den grünen Hängen in atemberaubender Schönheit. Zwei kurze und eine rund elf Kilometer lange Rad- und Wanderroute führen durch den Kulturpark und geben Einblick in die Ingenieurskunst der römischen Bergbauer. Sehr empfehlenswert ist die Teilnahme an einer Führung. Wunderbare Fotomotive bieten sich vom Aussichtspunkt Mirador de Orellán am Ostrand der Médulas. Gleich daneben kann die Bergbaugalerie von Orellán besichtigt werden.

Zu Fuß durch ein UNESCO-Welterbe

WEITERE INFORMATIONEN

Anfahrt von Ponferrada: Auf N-536 bis Carucedo, von dort auf CV-191-2 bis Las Médulas. **Auskunft zu Führungen** (Dauer ca. 1,5–2 Std.) und Fuß- und Radwegen im Bereich der Minen gibt das Besucherzentrum in Carucedo: Centro de Recepción de Visitantes, E24442 Carucedo, Tel. 987 42 07 08, Apr.–Sept. 11.00–14.00, 16.00–20.00, Okt. bis März 11.00–14.00, 16.00–18.00 Uhr. Galería de Orellán: Juni bis Sept. tgl. 10.00–22.00, Okt. bis Mai 11.00–14.00, 16.00–18.00 Uhr. *www.fundacionlasmedulas.com*

Berge und Meer

*Die Höhlenmalereien von Altamira sind welt-
weit ein Begriff, auch das schicke Seebad
Santander genießt einen guten Ruf. Kantabrien selbst, eingeklemmt zwischen dem Kantabrischen Gebirge und dem Golf von Biskaya, ist dagegen eine der touristisch eher
unauffälligeren Regionen Spaniens. Dass es
hier auch Bauten von Gaudí, herrliche
Strände und gar Wölfe und Bären gibt, gilt
fast schon als Insiderwissen.*

Picos de Europa: Von der Bergstation El Cable aus lassen sich schöne
Wanderungen unternehmen

Im Licht der kantabrischen Sonne zeigt sich das an einer tief ins Land eindringenden Bucht gelegene, von Strand und Dünenzonen umrahmte Seebad Santander von seiner schönsten Seite

Außen wehrhaft, innen eine grüne Idylle: die über einer einstigen Klosterkirche errichtete Kathedrale von Santander, Catedral de Nuestra Señora de la Asunción

Fast 200 Jahre lang bissen sich die Römer die Zähne an den wehrhaften Kantabrern aus. Erst 19. v. Chr. gelang die Eroberung. Die Tapferkeit ihres Gegners beeindruckte die Römer derart, dass sie gleich ein ganzes Meer nach ihm benannten. Deshalb sprechen die Spanier bis heute vom „Mar Cantábrico", dem Kantabrischen Meer, wenn sie den Atlantik vor ihrer Nordküste meinen. Eine fast unüberwindliche Barriere zur zentralspanischen Meseta bildet das lang gestreckte Bergmassiv der Sierra Cantábrica. Diese beiden gegensätzlichen Lebenswelten, Meer und Berge, prägen die Region.

LICHTDURCHFLUTETE ELEGANZ

Sonnig ist vielleicht das treffendste Prädikat für Santander. Mit der ganzen Breitseite schaut die Stadt gen Süden, vor ihr dehnt sich die größte Bucht der nordspanischen Küste aus. Hell und freundlich präsentiert sich die Fassade, auch die Kathedrale erstrahlt in leuchtendem Weiß. Nichts erinnert mehr an den verheerenden Brand von 1941, ausgelöst durch einen Hurrikan, der die gesamte historische Altstadt in Schutt und Asche legte. Angenehm temperierte Gewässer umschmeicheln die wieder auferstandene Stadt, der eine sehr hohe Lebensqualität bescheinigt wird.

Im Sommerurlaub 1861 entdeckte Königin Isabell II. die erquickende Wirkung der „Baños de Ola", der Wellenbäder. Wie San Sebastián stieg auch Santander nach den royalen Ferien zum Modeseebad der High Society auf. Anfang des 20. Jahrhunderts schenkten die Bürger ihrem König Alfonso XIII. gar den pompösen Palacio de la Magdalena als Sommerresidenz. Inzwischen beherbergt er als renommierte Sommeruniversität Menéndez Pelayo wissbegierige Sommergäste. Erholung vom Pauken finden diese gleich in der Nähe an der gepflegten Playa El Sardinero, einem der exklusivsten Strände Spaniens. Gegenüber bietet der Strand von Somo Surfern ideale Bedingungen.

Die Uferpromenade am Hafen von Santander

Die Calle de Burgos ist eine der Shoppingmeilen von Santander

Fest auf der Freifläche hinter der Iglesia Santa María in Castro Urdiales. Auch wenn es auf diesem Bild nicht zu sehen ist: Der Ort hat sich den Charakter einer alten Fischerstadt bewahrt

Sehr zum Wohle der Region lebt fast die Hälfte der rund 589 000 Kantabrer im Ballungs- und Industriegebiet von Santander und Torrelavega. Alle anderen Städte durchbrechen kaum die 30 000-Einwohnermarke. Das gilt auch für Potes (oben), einen kleinen, vom Rio Quiviesa durchströmten Ort, in dem nicht mal 2000 Menschen leben

Seit Jahrhunderten nahezu unverändert: Santillana del Mar

Die kleine Küstenstadt Comillas profitierte vom Reichtum ehemaliger Auswanderer, die als wohlhabende Leute zurückkehrten und neue, teils verspielt wirkende Bauten in Auftrag gaben

TOURISTISCHE EPIZENTREN

Ein touristisches Muss ist die Höhle von Altamira. Obwohl die „Sixtinische Kapelle" der Steinzeit „nur" als Reproduktion zu sehen ist, treiben einem die ausdrucksstarken Felszeichnungen von Bisons und Hirschen ehrfürchtige Schauer über den Rücken. Den Machern der „Neocueva" ist es gelungen, dem Raum jene magische Ausstrahlung zu geben, die er schon auf seine steinzeitlichen Bewohner ausgeübt haben muss. Angesichts der Virtuosität unserer nur scheinbar primitiven Vorfahren relativiert sich so manche moderne Errungenschaft.

Der Kontrast zum umtriebigen Santillana del Mar, kaum zwei Kilometer entfernt, könnte größer kaum sein. Busladungsweise ergießen sich die Besucher über die natursteingepflasterten Gassen und von dort in die ungezählten Souvenirshops des mittelalterlichen Städtchens. Der Volksmund nennt den aus der Verehrung der heiligen (Santa) Juliana entstandenen Ort übrigens die Stadt der drei Lügen: Sie ist weder heilig (santa), noch eben (llana), noch liegt sie am Meer (mar). Aber schön ist sie. Ganz ehrlich.

GAUDÍS GUTE LAUNE

Obwohl er selbst offiziell nie dort war, beschenkte der katalanische Architekt Antoni Gaudí die kleine Küstenstadt Comillas mit einem seiner typisch verspielten Bauten. Armut zwang viele Nordspanier im 19. Jahrhundert zur Auswanderung nach Südamerika. Etliche kehrten als wohlhabende Leute zurück, so wie Antonio López y López, Banker, Industrieller und erster Markgraf von Comillas. Er gab beim Architekten Joan Martorell den üppig dimensionierten Palacio de Sobrellano in Auftrag, Martorells Kommilitone Gaudí gestaltete das Familiengrab. Der Schwager des Markgrafen, Máximo Díaz de Quijano, ließ sich von Gaudí seine Jugendstil-Villa El Capricho entwerfen. Der damals gerade 30-jährige Architekt lebte schon hier jenen spielerischen Stil- und Materialmix aus, der ihn so berühmt machen sollte.

war ganz fasziniert von diesem Stein", erzählt Aufseherin María Luisa García. 1986 hatte es den niederländischen Schriftsteller nach Lebeña verschlagen. Der Onkel wachte über den Kirchenschlüssel, rückte diesen aber erst heraus, nachdem der Besucher den hausgebrannten Schnaps gekostet hatte. „Der Mann trinkt nichts", notierte Nooteboom, „vergiftet wird der Fremde." Doch Nooteboom überlebte und verfasste mit seinem „Umweg nach Santiago" einen außergewöhnlich schönen Bericht seiner Reise durch Spanien.

Mit der Skulptur der stillenden Jungfrau Maria aus dem 15. Jahrhundert beherbergt das Kirchlein eine absolute Rarität. Sie ist auch der Grund, warum in

„Der Mann trinkt nichts. Vergiftet wird der Fremde." Cees Nooteboom

CEES NOOTEBOOMS SCHNAPS

Ein Hauch von Mystik umweht das mozarabische Kirchlein Santa María de Lebeña in der Schlucht des Río Deva. Ein aus Stein gemeißeltes keltisches Sonnenrad im Altaruntersatz zeugt von einer sehr frühen spirituellen Anziehungskraft des Ortes. „Cees Nooteboom

Lebeña bis 2001 nicht gefeiert wurde. Im 16. Jahrhundert verbot der Papst die Zurschaustellung der angeblich anzüglichen Figur. Um nicht die Konfiszierung zu riskieren, verzichteten die Anwohner auf jegliche Patronatsfeiern und verehrten die Madonna unauffällig. 1993 kam es dann zur Katastrophe:

Kantabrien bietet die ideale Mischung von Land und Wasser.

Am Playa de Brazomar in Castro Urdiales: Es lebt der Mensch zwar nicht von Luft und Liebe allein – aber mit dem Meer im Rücken kann man das Leben, vielleicht auch die Liebe, doch sehr gelassen angehen

Leuchtturm am Cabo Mayor

Und so kehren wir zum Schluss noch einmal nach Santander zurück, blicken von den Jardines del Piquio aus auf den Strand, wo sanfte Wellen wogen, und freuen uns am himmlischen Farbenspiel

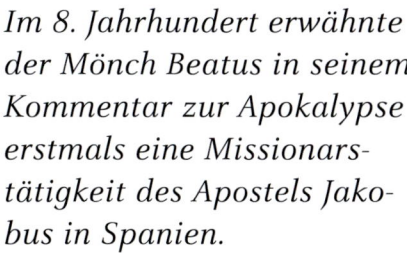

Im 8. Jahrhundert erwähnte der Mönch Beatus in seinem Kommentar zur Apokalypse erstmals eine Missionarstätigkeit des Apostels Jakobus in Spanien.

Kunstdiebe raubten die Madonna. Erst 2001 tauchte sie in der Provinz Alicante wieder auf. Seither gibt es jeden Mai eine zünftige Fiesta.

DER HEILIGE HOLZSPAN

Jeden 2. Mai findet ganz in der Nähe die längste Kirchenprozession Spaniens statt. An diesem Tag wird die Schutzpatronin der Liébana, im örtlichen Dialekt liebevoll „La Santuca", „die kleine Heilige", genannt, aus dem 25 Kilometer entfernten Aniezo ins Kloster Santo Toribio getragen, das religiöse Zentrum der Region. Bedeutendster Kirchenschatz ist das „Lignum Crucis": Das 2000 Jahre alte, 63 mal 39 Zentimeter große Zypressenholzstück soll die größte Reliquie des Heiligen Kreuzes sein. Bischof Toribio von Astorga hatte sie im 5. Jahrhundert von Jerusalem nach Spanien gebracht.

Auch für den Jakobuskult ist der Ort bedeutend. Im 8. Jahrhundert, also noch vor dem Auffinden des Grabes in Santiago, erwähnte der Mönch Beatus in seinem Kommentar zur Apokalypse erstmals eine Missionarstätigkeit des Apostels in Spanien.

VON GÄMSEN UND BÄREN

Weiter westlich, bei Fuente Dé, der Quelle des Río Deva, katapultiert einen die Seilbahn förmlich aus der arkadisch-grünen Liébana in Fels und Schnee. Eines der beliebtesten Ausflugsziele Kantabriens begann seine Karriere als Lastenaufzug. Vom 19. Jahrhundert bis in die 1950er-Jahre schürften vor allem englische Unternehmen in den Picos de Europa nach Eisenerz, Blei und Zink. Am „Kabel" (daher der Name der Bergstation: El Cable) gelangte der Rohstoff ins Tal. Inzwischen hat die Königin der Picos, die Gämse, wieder das Regiment übernommen. Wanderer begegnen ihr oft und zahlreich. Hirsche, Wildschweine und sogar Bären hingegen sind in den menschenleeren Bergen des Naturparks Saja-Nansa, Besaya im Herzen Kantabriens beheimatet. Ein faszinierendes Wandergebiet, besonders im Herbst, wenn sich die ausgedehnten Laubwälder bunt verfärben.

DIE IDEALE MISCHUNG

Etwas weiter südöstlich entspringt bei Fontibre der Ebro. Auf seinem Weg an die Küste wurde er 1947 östlich von Reinosa zu einem 60 Kilometer langen See aufgestaut. Was nur als künstlicher Wasserspeicher für Navarra, die Rioja und Katalonien gedacht war, steht heute als Lebensraum für Wasservögel aller Art unter Naturschutz. Ob Trekking oder Kite-Surf und Paddeln auf dem See – auch hier bietet Kantabrien die ideale Mischung von Land und Wasser.

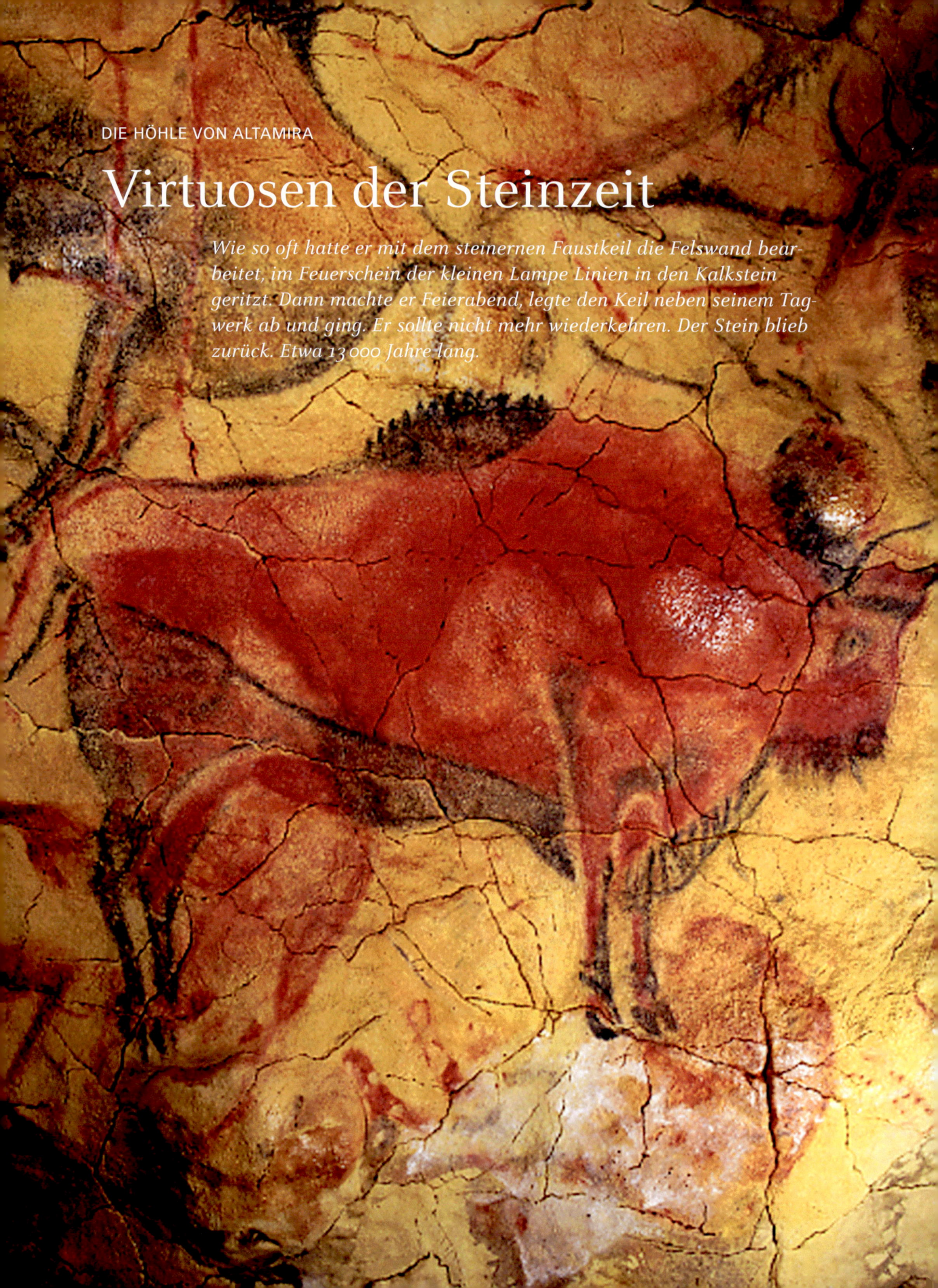

Virtuosen der Steinzeit

Wie so oft hatte er mit dem steinernen Faustkeil die Felswand bear-beitet, im Feuerschein der kleinen Lampe Linien in den Kalkstein geritzt. Dann machte er Feierabend, legte den Keil neben seinem Tag-werk ab und ging. Er sollte nicht mehr wiederkehren. Der Stein blieb zurück. Etwa 13 000 Jahre lang.

Anfang der 1990er-Jahre suchte José Antonio Lasheras in einem etwas abgelegenen Teil der Höhle nach Felsgravuren. Und da sah er diesen Faustkeil liegen, den ein steinzeitlicher Benutzer hinterlassen hatte: „Wissenschaftlich gesehen war dies sicher keine spektakuläre Entdeckung, doch für mich persönlich die emotionalste." Seit 1991 ist Lasheras Direktor des Nationalmuseums von Altamira, unter seiner Leitung entstand die originalgetreue Reproduktion der Steinzeithöhle mit ihren weltberühmten Zeichnungen von Bisons, Hirschen und Pferden. Nirgendwo sonst geben unsere steinzeitlichen Vorfahren einen so umfassenden und plastischen Einblick in ihre Gedanken- und Erlebniswelt. Das erkannte auch ihr Entdecker Marcelino Sanz de Sautuola (1831–1888). Bloß schenkte dem Juristen und Hobby-Naturwissenschaftler, den 1875 ein Hirte auf die Höhle aufmerksam gemacht hatte, zunächst niemand Glauben. Zuerst fand er darin nur Muscheln, Knochen und ein paar Wandzeichnungen. Als er die Höhle erneut, diesmal in Begleitung seiner etwa neunjährigen Tochter inspizierte, schweifte der Blick des Mädchens auch zur Decke. „Schau mal Papa, Stiere!", soll sie gerufen haben. Sautuola identifizierte die wuchtigen Tiere jedoch als in Europa längst ausgestorbene Bisons. Für ihn stand außer Zweifel: Steinzeitmenschen hatten diese Kunstwerke geschaffen.

Die Anerkennung seiner Entdeckung erlebte Sautuola nicht mehr, er verstarb 1888. Seine erste Analyse der Höhle gilt jedoch heute als verlässliche Referenz. Nach neues-

Oben: Und, wo sind sie denn nun, die prähistorischen Bisons? Um die Ecke etwa? Unten und linke Seite: Nein, da sind sie, in der Höhle von Altamira – bzw. in deren originalgetreuer Reproduktion

tem Forschungsstand war die Höhle bis vor etwa 13 000 Jahren bewohnt, dann stürzte der Eingangsbereich ein. Zuvor hatten ihre wechselnden Bewohner sich immer wieder von den bereits vorhandenen Zeichnungen inspirieren lassen und eigene hinzugefügt.

Für den Museumsdirektor Lasheras waren die Menschen der Steinzeit die größten Erfinder. So entstanden die von einer Farbkontur umgebenen Hände mit einer prähistorischen, mittels eines Systems von zwei Röhrchen funktionierenden Spraytechnik. „Und selbst ein Armani-Anzug wird noch immer mit einer steinzeitlichen Erfindung hergestellt: der Nadel."

MUSEO DE ALTAMIRA

Öffnungszeiten: Mai–Okt. Di.–Sa. 9.30–20.00, So./Fei. 9.30 bis 15.00 Uhr. Nov.–April Di.–Sa. 9.30-18.00 Uhr, So./Fei. 9.30 bis 15.00 Uhr. Eintritt Museum und Neocueva 3 €. Sa. ab 14.30 Uhr und So. ganztägig sowie April, 18. Mai, 12. Okt. und 6. Aug. freier Eintritt. Das Museum bietet Workshops für Kinder, in denen prähistorische Techniken wie steinzeitliches Farbsprayen, Feuermachen oder die Herstellung eines Faustkeils gezeigt werden. Anmeldung notwendig. www.museodealtamira.es

Nirgendwo sonst geben unsere steinzeitlichen Vorfahren einen so umfassenden Einblick in ihre Gedanken- und Erlebniswelt.

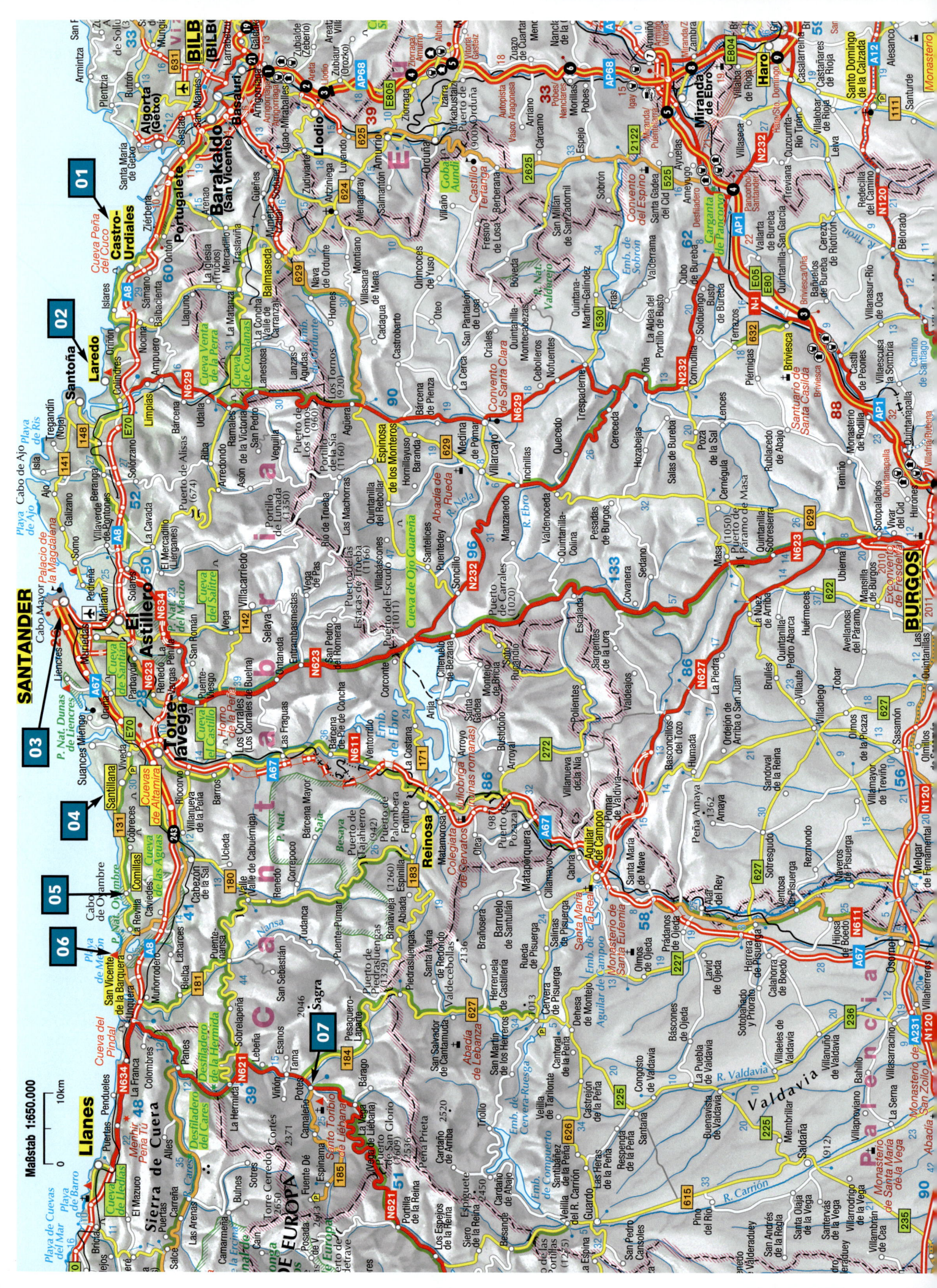

Infos

Rundum wohlfühlen!

Kantabrien ist durchaus eine Alternative zum Badeurlaub am Mittelmeer. Im Sommer erreicht der Golf von Biskaya angenehme Badetemperatur, während sich das Touristenaufkommen außer im Kernmonat August in erträglichen Grenzen hält. An stürmischen Tagen finden Surfer beste Bedingungen vor. Städte wie Santander, Comillas oder Castro-Urdiales setzen kulturelle Akzente, das bergige Hinterland wartet mit vielfältigen Naturräumen auf.

01 CASTRO-URDIALES

Das im 1. Jh. n. Ch. von den Römern gegründete Flaviobriga war ab Ende 12. Jh. eine bedeutende Hafenstadt. Seit den 1960er-Jahren lebt der charmante Fischerort (31000 Einw.) vorwiegend vom Tourismus.

Sehenswert

Die **Iglesia de Santa María de la Asunción** (13. Jh.) gilt als schönste gotische Kirche Kantabriens. Der Altar des Santo Cristo zeigt ein Francisco de Zurbarán (1598–1664) zugeschriebenes Gemälde. Neben der Burg war die Kirche Teil der mittelalterlichen Befestigungsanlage. Daneben befinden sich die Ruinen der romanischen **Iglesia de San Pedro** (11./12. Jh.).

Veranstaltungen

Karfreitag: Von Laien aufgeführte **Passionsspiele**. 23.–26. Juni: San Juan und San Pelayo, **Patronatsfeiern** mit Feuerwerken und Sardinenessen. 1. Freitag im Juli: **Coso Blanco**, großes Feuerwerk, ab 23 Uhr Umzug mit aufwendig gestalteten Festwagen, danach Konfettischlacht. 16. Juli **Meeresprozession Virgen del Carmen** mit Fischerbooten.

Information

Oficina de Turismo, im Hafen, E-39700 Castro-Urdiales, Tel. 942871512, 1. Juli–15. Sept. tgl. 9.00–21.00, sonst tgl. 9.30–13.30, 16.00–19.00 Uhr, geschl.: 24., 25. und 31. Dez. sowie 1. und 6. Jan., www.castro-urdiales.net

02 LAREDO

Mit insgesamt acht Kilometern Sandstrand ist Laredo einer der beliebtesten Badeorte (12000 Einw.) Nordspaniens. Im 15. Jh. war der Ort der Haupthafen des kastilischen Königreichs.

Sehenswert

Über der hübschen **Altstadt** (Puebla Vieja) thront die gotische **Iglesia de Santa María de la Asunción** (ab 13. Jh.). Sie beherbergt das älteste flämische Gemälde Spaniens (15. Jh.). Die

Iglesia de San Francisco (Ende 16. Jh.) war das erste klassizistische Bauwerk der Stadt. Eine schöne Aussicht auf den Salvé-Strand bietet der **Burgberg** (Atalaya). Der 220 m lange Túnel de la Atalaya führt zum **Mirador de Abra** mit Blick auf die Steilküste (10.00–22.00 Uhr).

Umgebung

Der Naturpark **Marismas de Santoña, Noja y Joyel** (38 km²) ist eines der bedeutendsten Feuchtgebiete der iberischen Halbinsel, er bietet Lebensraum für 20000 Wasser- und 100000

> **Tipp**
>
> ## Die Blumenschlacht
>
> Seit 1908 blüht 02 **Laredo** einmal jährlich auf. Auch wenn der Name „Batalla de Flores" – Blumenschlacht – anderes nahe legt, geht es dabei ganz friedlich zu. In einem pompösen Umzug ziehen mit bis zu 80000 echten Blüten geschmückte riesige Prunkwagen durch die Stadt. Am Vorabend lassen sich die Macher beim Schmücken der Gefährte über die Schulter schauen. Die Blumen dafür werden übrigens in der Umgebung angebaut.
>
> *Laredo, letzter Freitag im August, www.batalladeflores.net*

Zugvögel. Ein Fährboot bringt einen von der Landspitze El Puntal ins benachbarte **Santoña** (14000 EW). Dort führt ein 6 km langer, markierter Rundweg um die 312 m hohe Halbinsel Monte Buciero, vorbei an bis zu 200 m abfallenden Steilklippen und durch Wälder aus Steineichen, Erdbeer- und Lorbeerbäumen (festes Schuhwerk notwendig).

Veranstaltung

Santoña: Karneval mit Juicio en el Fondo del Mar (phantasiereich in Szene gesetzte Gerichtsverhandlung mit Neptun als Richter und allerlei Fabelwesen).

Information

Oficina de Turismo, Alameda Miramar s/n, E-39770 Laredo, Tel. 942611096, Juli–15. Sept. tgl. 9.00–21.00, sonst tgl. 9.30–13.30, 16.00–19.00 Uhr, www.laredo.es

03 SANTANDER

Die Hauptstadt und größte Stadt Kantabriens (183000 EW) war ab Mitte des 19. Jh. ein mondänes Seebad. Heute ist Santander trotz des

Industrie- und Hafengürtels eine moderne und lebenswerte Universitätsstadt.

Sehenswert

Die 1941 durch eine Feuersbrunst zerstörte historische Innenstadt erstrahlt längst wieder in altem Glanz. Auch die gotische **Catedral de Santa María de la Asunción** (13. Jh.) wurde nach dem Brand saniert (Mo.–Fr. 10.00–13.00, 16.00–19.30, Sa. 10.00–13.00, 16.30–20.00, So. 10.00–13.30, 17.00–21.00 Uhr). Sie steht über der **Iglesia del Santísimo Cristo** (um 1200), einer großen dreischiffigen Krypta. Seit 1875 hat das Stammhaus der größten Bank Europas, der Banco Santander, am Paseo de Pereda seinen Sitz. Der **Palacio de la Magdalena** (1909–1911) auf der gleichnamigen Halbinsel war ein Geschenk Santanders an König Alfonso XIII., der ihn als Sommerresidenz nutzte. Heute beherbergt er die international renommierte **Sommeruniversität Menéndez Pelayo** (www.uimp.es). Nördl. liegt der schicke Badestrand **El Sardinero** mit dem eleganten Gran Casino.

Museum

Das **Casa-Museo Menéndez Pelayo** (15. Juni bis 15. Sept. Mo.–Fr. 10.30–13.00, 18.30–20.00, sonst ab 17.30, Sa. 10.30–13.00 Uhr) war das Wohnhaus des Gelehrten Marcelino Menéndez Pelayo (1856–1912). Angegliedert ist die **Menéndez Pelayo Bibliothek** (C/ Rubio 6). Daneben beherbergt das **Museo Municipal de Bellas Artes** als wertvollstes Gemälde ein Portrait von König Fernando VII. von Francisco Goya (C/ Rubio 6, Tel. 942203120, 15. Juni–14. Sept. Mo.–Fr. 10.45–13.00, 18.00–21.00, Sa. 10.30 bis 13.00, sonst Mo.–Fr. 10.15–13.00, 17.30–21.00, Sa. 10.00–13.00 Uhr). Das **Museo Marítimo del Cantábrico** widmet sich der Meereswelt, dem Leben der Fischer, dazu gibt es Schiffsmodelle und ein Aquarium (C/ San Martín de Bajamar s/n, Tel. 942274962, Mai–Sept. tgl. 10.00 bis 19.30, Okt.–Apr. 10.00–18.00 Uhr).

Karussell am Paseo de Pereda in Santander

Infos

Veranstaltungen

Ab 25. Juli (**Santiago-Tag**, Semana Grande), Konzerte, Sardinenessen und Feuerwerk am El Sardinero (24. Juli). Mitte Juli–Mitte Aug.: **Sommerfest Baños de Ola**. Mitte Sept.: **Festival del Mar**, Seefahrtfest mit historischen Großseglern und Ruderwettbewerben, www.festivaldelmar.es.

Erleben

Surfen am Strand von Somo, gegenüber von Santander. Renommierte Surfschulen: www.escuelacantabradesurf.com (seit 1991, älteste Surfschule Spaniens) oder www.escueladesurfsardinero.com (Kurse speziell für Kinder).

Restaurant/Unterkunft

€€€€ Restaurante Cañadío, C/ Gómez Orena 15, Tel. 942 31 41 49, www.restaurantecanadio.com. Paco Quirós und Teresa Monteoliva bieten typisch kantabrische Küche mit modernem Anstrich in elegantem Ambiente.
€/€€ Hotel Las Brisas, C/ La Braña 14, Tel. 942 27 50 11, www.hotelesensantander.com. Gemütliches kleines Hotel mit altmodisch, aber stilvoll eingerichteten Zimmern in alter Villa (Ende 19. Jh.) direkt am Sardinero Strand.

Umgebung

Parque de la Naturaleza de Cabárceno (17 km südl.): 750 ha großer Naturpark mit weitläufigen Wildtiergehegen in einem ehemaligen, wildromantisch-karstigen Tagbauwerk. Ein 20 km langes Straßennetz führt zu den Gehegen, Wanderwegen, Spiel- und Picknickplätzen (www.parquedecabarceno.com, Anfahrt über Obregón bzw. Cabárceno).

Information

Jardines de Pereda (Park am Hafen), E-39005 Santander, Tel. 942 20 30 00, 16. Sept.–14. Juni Mo.–Fr. 8.30–19.00, 16. Sept.–Ostern Sa./So./Fei. 10.00–14.00, Ostern–14. Juni Sa./So./Fei. 10.00–19.00, 15. Juni–15. Sept. tgl. 9.00–21.00 Uhr, www.ayto-santander.es

04 SANTILLANA DEL MAR

Das Schmuckkästchen (1100 Einw.) von Kantabrien! Ein Bummel durch die gepflegten, natursteingepflasterten Gassen zwischen stattlichen Herrenhäusern entführt in die idyllische Seite des Mittelalters – außerhalb der Stoßzeiten.

Sehenswert

Die romanische **Colegiata de Santa Juliana** (11./12. Jh., Umbauten 13. und 17. Jh.) war die Stiftskirche eines im 8. Jh. gegründeten Klosters. Bemerkenswert sind der Kreuzgang, der gotische Hochaltar mit flämischen Einflüssen

(15./16. Jh.) und die Altarbasis mit einer Silberblende aus Mexiko (Di.–So. 10.00–13.30, 16.00 bis 19.30 Uhr). An der Plaza Mayor erheben sich die gotischen Wohntürme **Torre de Merino** (14. Jh.) und **Torre de Don Borja** (15. Jh.), das **Rathaus** (18. Jh.) und der **Palacio de los Barreda-Bracho** (17. Jh., Parador Gil Blas).

Museum

Diözesanmuseum im ehemaligen Dominikanerkloster Regina Coeli (16. Jh., Di.–So. 10.00 bis 13.30, 16.00–18.30 Uhr). Das **Museo Jesús Otero** zeigt wechselnde Ausstellungen und Werke des lokalen Bildhauers Jesús Otero (1908–1994; Di.–So. 10.00–13.30, 16.00–20.00 Uhr, im Sommer tgl.).

Tipp

Bisons im Lampenschein

Einmal im Jahr werden in der Neocueva von **Altamira ▶ TOPZIEL**, knapp 2 km südl. von 04 **Santillana del Mar**, die Lichter ausgeknipst. Für wenige Stunden erhellen dann nur mit Knochenmark befeuerte Lämpchen die Felsmalereien, und die Höhle präsentiert sich so, wie sie die Steinzeitmenschen erlebten. Ein zauberhaftes Erlebnis! Jährlich um Mitte Mai anlässlich der internationalen Nacht der Museen ist der Eintritt frei, aber die Besucherzahl begrenzt.

www.museodealtamira.es, Tel. 942 81 80 05

Veranstaltungen

Ende Mai: **Festival Internacional de Títeres**, internationales Puppenspielerfestival.
Sept.: **Festival de Música Infrecuente**, Festival der ungewöhnlichen Musik aus vielen Ländern und Epochen.

Unterkunft

€€/€€€ Parador de Santillana Gil Blas, Plaza Ramón Pelayo s/n, Tel. 942 81 80 00, www.paradores.de. Seit 1944 Parador im weitläufigen Stadthaus im typischen Baustil des Bergadels des 18. Jh. Schlichte Natursteinfassade mit schmiedeeisernen Balkongittern und Familienwappen. 28 Zi. (plus 28 Zi. im Neubau im Stil eines traditionellen Herrenhauses).

Information

Oficina de Turismo, C/ Jesús Otero 20, E-39330 Santillana del Mar, Tel. 942 81 88 12, Sommer (ca. Juli–Sept.) 9.00–21.00, sonst

9.30–13.30 und 16.00–19.00 Uhr, www.santillanadelmarturismo.com

05 COMILLAS

In Amerika reich gewordene Auswanderer veredelten im 19. Jh. mit ausgefallenen Prachtbauten das Fischer- und Hafenstädtchen (2000 Einw.). Auch König Alfonso XII. genoss hier die Sommerfrische.

Sehenswert

Architekt Joan Martorell, ein Studienkollege von Antoni Gaudí, baute den **Palacio de Sobrellano** (Ende 19. Jh.) für den ersten Markgrafen von Comillas, Antonio López y López. Gaudí entwarf das Familiengrab (Capilla-Panteón) und die Villa **El Capricho** (1883–1885; heute Nobelrestaurant). Hoch über der Stadt thront die **Universidad Pontífica** (Ende 19. Jh.), einst Päpstliche Universität, künftig Sitz des Zentrums für hispanistische Studien.

Umgebung

Zum Naturpark **Oyambre** (7 km westl.) gehört ein herrlicher Sandstrand. Schöne Wandermöglichkeiten bietet der **Parque Natural Saja-Besaya** (34 km südl.). Im Süden wird dieser vom großen Ebro-Stausee bei Reinosa begrenzt. Ganz in der Nähe entspringt der Río Ebro.

Information

Oficina de Turismo, Pl. Joaquín del Piélago 1, E-30520 Comillas, Tel. 942 72 25 91, in der Regel tgl. 9.00–14.00, 16.00–18.00, Juli/Aug. tgl. 9.00 bis 21.00 Uhr, www.comillas.es

06 SAN VICENTE DE LA BARQUERA

An klaren Tagen bilden die schneebedeckten Picos de Europa die malerische Kulisse für das an den Mündungen der Flüsse Rubín und Pombo gelegene Hafenstädtchen (3500 Einw.).

Sehenswert

Die **Iglesia de Santa María de los Ángeles** (Anfang 13.–Mitte 15. Jh.) beherbergt mit der liegenden Marmorskulptur des Inquisitors Antonio del Corro (16. Jh.) eines der schönsten Grabmäler Spaniens dieser Epoche (Ostern, Juni/Sept. nur Sa./So., Juli/Aug. Di.–So. 10.00 bis 13.30 und 16.00–19.30 Uhr).

Restaurant

Hier sollte man die lokale Spezialität Sorropotún (auch Marmita Barquereña, Thunfischeintopf mit Kartoffeln) probieren, zum Beispiel im Traditionsrestaurant **€€€/€€€€ Maruja**, Avd.

DuMont Aktiv

del Generalísimo s/n, Tel. 942710077, www.restaurantemaruja.es.

Veranstaltung
Wochenende nach Ostern: **La Folía**, prächtige Seeprozession zu Ehren der Stadtpatronin.

Umgebung
Schönste Tropfsteinformationen zeigt die **Cueva El Soplao** (14 km südl.), eine ehemalige Zinkmine (www.elsoplao.es).

Information
Oficina de Turismo, C/Generalísimo 20, E-39540 San Vicente de la Barquera, Tel. 942710797, Juli/Aug. Mo.–Fr., 10.00 bis 14.00, 16.00–20.30, Sa./So. 10.00–13.30, 16.30–20.00, Sept.–Juni Mo.–Sa. 10.00–13.30, 16.30–19.00, So. 10.00–13.30 Uhr, www.sanvicentedelabarquera.es

07 POTES

Der Hauptort (1500 Einw.) der Region Liébana liegt im Schutz der Picos de Europa und gehörte im 9. Jh. zur Grafschaft von Santillana.

Sehenswert
Im **Torre del Infantado**, ein Wehr- und Wohnturm aus dem 15. Jh., ist das Rathaus untergebracht. Die **Iglesia de San Vicente** im Ortszentrum geht im Kern auf das 14. Jh. zurück.

Markt/Veranstaltung
Käse, Gemüse, Trockenfrüchte, Orujo und vieles mehr bieten die Erzeuger auf dem großen **Wochenmarkt** am Montagvormittag feil. Zweites Wochenende im Nov.: **Fiesta del Orujo**, Feier rund um den Tresterschnaps.

Umgebung
Rund 9 km nördl. findet sich im mozarabischen Kirchlein **Santa María de Lebeña** (10. Jh.) eine der raren Darstellungen einer stillenden Maria (15. Jh.). Im **Monasterio de Santo Toribio** (8. Jh. gegründet; 3 km westl.) wird das Lignum Crucis, angeblich der größte Holzspan aus dem Heiligen Kreuz, verehrt (tgl. 10.00–13.00 und 16.00–19.00 Uhr). **Mogroviejo** (7 km westl.) ist eines der schönsten Dörfer in traditioneller Bauweise. Eine Genussfahrt verspricht die landschaftlich schöne N-621 über den 1600 m hohen Puerto de San Glorio (15 km westl.).

Information
Oficina de Turismo, Plaza de la Serna s/n, E-39570 Potes, Tel. 942730787, Juli–Sept. tgl. 10.00–14.00, 16.00–20.00, sonst 10.00–14.00, 16.00–18.00, So. nur 10.00–14.00 Uhr, Mi. geschl., www.potes.es

Mit der Seilbahn von Fuente Dé ins Hochgebirge

Die schnellste Art, in die alpinen Regionen der sich über Kastilien, Kantabrien und Asturien erstreckenden Picos de Europa vorzudringen, ist die Seilbahn von Fuente Dé. Die an einem einzigen 1600 Meter langen Tragseil hängende Gondel befördert die Ausflügler zur Bergstation El Cable auf 1850 m Höhe – in 3,5 Minuten vom Sommer zum Winter.

Rund 750 Höhenmeter liegen zwischen der Tal- und Bergstation der Seilbahn von Fuente Dé. Radikaler und schneller kann ein Landschaftswechsel kaum sein: Vom lieblichen grünen Tal wird man förmlich in eine schroffe, von Fels und Schnee dominierte Bergwelt geworfen. Imposante Bergriesen wie die Peña Olvidada (2404 m) oder die Peña Vieja (2613 m) bilden eine fantastische Hochgebirgskulisse, atemberaubend ist der Fernblick von der fast frei schwebenden Aussichtsplattform.

Von der Bergstation aus führt der markierte Wanderweg PR-PNPE 23 zur rund 5 km entfernten Mini-Hütte Cabaña Verónica auf 2325 m Höhe. Sie bietet zwar nur einen einfachen Getränkeverkauf, dafür aber eine phantastische Aussicht über Schneefelder ins grüne Tal und bis zu den kantabrischen Kordilleren.

Zwei Tipps für einen ungetrübten Ausflug: Da an Feiertagen, Wochenenden und im Sommer lange Wartezeiten an der Seilbahn möglich sind, ist es ratsam, diese Termine zu meiden. Auch an warmen Tagen sollte man nicht leichtsinnig sein, sondern die Kleidung unbedingt den möglichen Wetterumschwüngen im Gebirge anpassen.

Schöner Blick in die Bergwelt

WEITERE INFORMATIONEN

Die Seilbahn liegt **23 km westl. von Potes** und fährt mit Ausnahme von Mitte Jan. bis Mitte Feb. ganzjährig.
Der ideale Standort für Trekkingtouren ist das € **Hotel Refugio de Áliva**. Das Wanderhotel im ehemaligen Minenarbeiterhaus liegt inmitten des Nationalparks auf 1660 m Höhe. Die Anreise erfolgt per Seilbahn, von dort geht es zu Fuß oder im Jeep-Transfer ins 4,5 km entfernte Hotel. Juni–Okt., Tel. 942730999. 70 Betten in 1–6-Bettzimmern.
www.cantur.com

Die Schweiz Spaniens

Asturien ist so etwas wie die Schweiz Spaniens, nur mit viel mehr Meer. Wenige Kilometer hinter der Küste eröffnet sich eine Bergwelt mit grandiosen Schluchten zwischen mehr als 2600 Meter hohen, von Schnee bedeckten Gipfeln, mit aromatisch duftenden Almwiesen und Kuhglockengeläut. Hier liegen die Wurzeln Spaniens: Von Covadonga aus begann die Reconquista, der 800 Jahre währende christliche Rückeroberungszug gegen die Araber.

Hier wären wir dann ja wohl im spanischen Tessin: Am lang gezogenen Strand von Ribadesella an der Mündung des Río Sella

Während Naturliebhaber auf dem Río Sella (oben bei Toraño) auch mit Kajak und Kanu unterwegs sein können, wandern Pilger gern zuum Wallfahrtsort Covadonga, der „Wiege Spaniens" (rechts die Ende des 19. Jahrhunderts errichtete Basilika)

In der „Santa Cueva", der „Heiligen Höhle" von Covadonga, soll sich schon im 8. Jahrhundert ein Marienheiligtum befunden haben

Oviedo, Gijón und Avilés bilden das urbane Dreigestirn Asturiens.

Spaniens größtes Nationalheiligtum ist eine winzige Grotte. Sie liegt in waghalsiger Höhe, im Schutz eines wuchtig dräuenden Felsvorsprungs. Nur über eine schmale, steile Treppe ist sie erreichbar oder durch einen schwach erleuchteten Felsentunnel: Covadonga, die göttliche Höhle. Eine kleine Kapelle, ein Marienaltar, ein paar Gebetsbänke, mehr nicht. In einer unscheinbaren Nische ruht im schlichten steinernen Sarkophag der erste asturische König Pelayo. Hier, so will es die Legende, verhalf die Jungfrau Maria im Jahr 722 Pelayos Heer zum Sieg über die Araber. Es war deren erste Niederlage, seit sie elf Jahre zuvor von Gibraltar aus den Eroberungszug über die iberische Halbinsel gestartet hatten. Jetzt begann die „Reconquista". Bis zum Fall Granadas im Jahr 1492 sollte sie dauern. Am Anfang stand das kleine Königreich Asturien, an ihrem Ende begann der Aufstieg Spaniens zum mächtigen Weltreich. Als Anerkennung der asturischen Vorreiterrolle tragen die spanischen Thronfolger, aktuell Prinz Felipe und Prinzessin Letizia, seit dem 14. Jahrhundert den Titel Fürsten von Asturien (Príncipes de Asturias).

SCHÄTZE DER ROMANIK

Das eigentlich eher gemütliche Cangas de Onís nennt sich selbstbewusst „erste Hauptstadt Spaniens". Als Zeugnis der glorreichen Vergangenheit hängt unter der großen romanischen Brücke eine Nachbildung von Pelayos Siegerkreuz. Doch die ganz große Karriere auf der politischen Bühne blieb Cangas verwehrt, denn schon im Jahr 810 zog der Hof nach Oviedo, wo er bis zur Vereinigung mit der leonesischen Krone Anfang des 10. Jahrhunderts blieb. In der Cámara Santa, der heiligen Kammer in der Kathedrale Oviedo, ruht der wichtigste Reliquienschrein jener Gründerzeit. Diese fällt zusammen mit dem Beginn des Jakobuskultes. Gleich nach dem Auffinden der Gebeine des Apostels Anfang des 9. Jahrhunderts pilgerte König Alfonso II., der Keusche, von Oviedo nach Santiago – ein neues christliches Pilgerziel war geboren. Im Zug des neuerlichen Jakobsweg-Booms erfährt nun auch dieser wunderschöne „Camino Primitivo" („ursprüngliche Weg"), der von Oviedo über Lugo in die Apostelstadt führt, eine verdiente Renaissance.

DREI STÄDTE, DREI GESICHTER

Oviedo, Gijón und Avilés bilden das urbane Dreigestirn Asturiens. Alle drei umgibt ein solider Industriemantel; darunter verbergen sich jedoch ganz unterschiedliche Charaktere. Oviedo ist die geschichtsträchtige Grande Dame mit romantischer Alt- und moderner Neu-

Kilometerlang breitet sich Gijón, die mit Abstand größte Stadt Asturiens, am Atlantik aus

Hier werden die Blumen auf dem Nachbarbalkon gleich mitgegossen: in den Gassen von Oviedo

Die im 9. Jahrhundert errichtete Iglesia de San Miguel de Lillo bei Oviedo gehört zu den beeindruckendsten präromanischen Kirchen Asturiens

Archaisches

Etwas im Schatten der berühmten Picos de Europa steht das schöne Biosphärenreservat von Somiedo, rund 70 Kilometer südlich von Oviedo.

Der kaum besiedelte Landstrich ist einer der archaischsten Kultur- und Naturräume Asturiens. Zum Teil trifft man hier noch „Vaqueiros d'Alzada", eine nur in Asturien beheimatete ethnische Gruppe von Wanderkuhhirten mit eigenen

Tradition und Handwerk in freier Natur

Bräuchen und Traditionen. Charakteristisch für die Region sind die eigenwilligen „Cabanas de Teito", urige, geduckte Steinhütten unter mächtigen Strohdächern, die in den Tälern und auf den Sommeralmen (span. Brañas) verbreitet sind. Die ausgedehnten, im Herbst herrlich bunt gefärbten Laubwälder, hohen Berge und tief eingeschnittenen Täler bieten einer vielfältigen Wildfauna Lebensraum. Neben Hirschen, Gämsen und Wildschweinen hat hier auch der Braunbär eines der wenigen Rückzugsgebiete in Westeuropa gefunden.

stadt. Einmal im Jahr ehrt hier der spanische Thronfolger internationale Persönlichkeiten aus Kultur, Wissenschaft, Gesellschaft und Sport für ihre Leistungen mit dem Fürst-von-Asturien-Preis.

Die Hafen- und Industriestadt Gijón büßte im spanischen Bürgerkrieg einen Großteil ihrer historischen Substanz ein. Der auf die Halbinsel Santa Catalina konzentrierte historische Kern und der lange Stadtstrand lohnen dennoch einen Abstecher. Die größte Überraschung aber ist Avilés. Der Vergleich mit der Auster liegt hier nah: Im abschreckenden Panzer verbirgt die Stadt einen überaus schmucken Kern. Statt pompöser Monumentalität empfängt behagliche Überschaubarkeit die Besucher. Die von Säulengängen gesäumten, verkehrsberuhigten Sträßchen und Plätze sind eine freundliche Einladung zum entspannten Bummeln.

DAS GRÜNE UR-SPANIEN

Ausgerechnet die Keimzelle Spaniens hat so gar nichts mit den gängigen Klischees von gelb verbrannten Landstrichen und weißen Dörfern gemein. Asturien steht für ein ganz anderes Spanien: eines mit Schnee auf den Bergen und Kühen auf den Almen. Einst boomten hier Bergbau und Schwerindustrie, heute steht rund ein Drittel der Landesfläche unter Naturschutz – ob als kleines Biotop oder als großer Nationalpark Picos de Europa. In der traditionellen Architektur herrschen solider Naturstein und in leuchtenden Farben gestrichene Fassaden vor. Ganz aus dem spanischen Rahmen schlagen die „Casonas de Indianos", die im freundlichen Zuckerbäckerstil gehaltenen Villen der wohlhabend zurückgekehrten Südamerikaauswanderer. Bei Fiestas erklingen statt leidenschaftlichem Flamenco von den Kelten geerbte – und ziemlich schottisch klingende – Dudelsackklänge; zu einem zünftigen asturischen Essen gibt es statt Paella eine „Fabada", einen deftigen Bohneneintopf. Statt Weinfelder und Olivenplantagen werden hier mil-

Stimmungsvoll: Oviedos Plaza de Porlier nach einem Regen im Morgenlicht

Bei Llanes führt ein Steg über den Río Sella

Auf einer drei- bis vierstündigen Wanderung von Poncebos nach Cain kommt man durch die Garganta del Cares, eine südlich von Las Arenas de Cabrales beginnende wildromantische Schlucht

Am 1135 Meter hoch gelegenen Lago de Ercina findet man gute Einstiege in die Hochgebirgslandschaft der Picos de Europa

Im Mittelbogen der bei Cangas de Onis im 13. Jahrhundert errichteten Brücke hängt eine Nachbildung des Siegerkreuzes, das König Pelayo bei der Schlacht von Covadonga getragen haben soll

lionenfach Apfelbäume für das „Nationalgetränk" Sidra gehegt und gepflegt. Anders als bei den Basken gelangt sie hier allerdings nicht aus dem Fass, sondern aus der Flasche ins Glas. Doch auch das will gelernt sein: Die Flasche auf Kopf-, das Glas auf Hüfthöhe zu halten und dann noch einigermaßen gesittet zu treffen ist keine einfache Übung.

DER BERG RUFT …

Asturien ist auch die Urzelle des spanischen Alpinismus. Einer der Pioniere war Pedro Pidal (1870–1941), Markgraf von Villaviciosa und ein großer Naturfreund. Am 5. August 1904 bestieg er mit dem Hirten Gregorio Pérez Demaria, „El Cainejo" – dieser barfuß! – erstmals den legendären Naranjo de Bulnes, asturisch Picu Urriellu genannt: ein mächtiger, 2519 Meter hoher Koloss mit fast 500 Meter senkrecht aufragenden Wänden. 1918 erklärte König Alfonso XIII. auf Betreiben Pidals das Westmassiv unter dem Namen „Montaña de Covadonga" zum ersten Nationalpark Spaniens. Mitten darin, am herrlichen Aussichtspunkt Ordiales, liegt Pidal begraben. Im Nationalpark wolle er „leben, sterben und ewig ruhen", ist auf der Grabplatte zu lesen, „dem märchenhaften Königreich der Gämsen und Adler. Dort, wo ich himmlisches Glück, Stunden voller Bewunderung und traumhafte Gefühle er-

lebte". Wer einmal in den Picos gewandert ist, wird ihn verstehen.

Ein Deutscher gab dem Bergmassiv übrigens den Namen. Zwar orientierten sich schon früh Seefahrer an den „europäischen Spitzen" im Golf von Biskaya. Doch war es der Geologe und Bergbauingenieur Wilhelm Schulz aus Kassel (span. Guillermo Schulz, 1805–1877), der 1858 die Bezeichnung „Picos de Europa" in die erste topographische Karte Asturiens eintrug.

… UND DIE KÜSTE AUCH

Zum grünen Image Asturiens gehört auch die „Costa Verde", die grüne Küste. Mal schroff, mal lieblich gibt sie sich,

fang August bringt hier die internationale Kajakabfahrt den Río Sella zum brodeln. Fast unauffindbar stapelt sich Cudillero in eine enge Steilbucht. Wie ein schützender Ring liegt Luarca um einen der wichtigsten Fischfanghäfen Asturiens.

Schlägt das Wetter um, ist Sturmschauen angesagt. Welch Schauspiel, wenn die Wellen mit Brachialgewalt auf die Klippen schlagen! Dann erwachen auch die „Bufones" zum Leben – in den porösen Küstenfels gegrabene Brandungstunnel, aus denen meterhohe Fontänen in die Höhe schießen. Ein Naturschauspiel ersten Ranges, das unter anderem die Bufones de Arenillas bei Llanes oder

Asturien ist auch die Urzelle des spanischen Alpinismus.

statt mit langen Sandstränden wartet sie mit versteckten Buchten auf. Dazwischen eingestreut pittoreske Fischerstädtchen wie Llanes mit seinen Indiano-Villen und den von Agustín Ibarrola bunt bemalten „Cubos de la Memoria". Im 19. Jahrhundert war Ribadesella mit dem Linienschiff nach Kuba Schicksalshafen für ungezählte Auswanderer. Jeweils An-

die Bufones de Pría bei Llanes bieten. Der typisch nordspanische feine Nieselregen „Chirimiri" heißt in Asturien „Orbayu". Eigentlich ist er gar kein Regen, eher eine 200-prozentige Luftfeuchtigkeit. Er kommt recht häufig vor – nicht umsonst ist der Norden so grün. Das soll aber niemanden hindern, diese schöne Region in vollen Zügen zu genießen.

LEBEN UND ARBEITEN IM BIOSPHÄRENRESERVAT

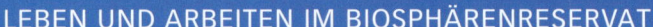

Mensch und Natur

Seit Tausenden von Jahren prägt die Symbiose von Mensch und Natur das Gesicht der Picos. Doch diese Symbiose ist gefährdet. Nachwuchssorgen bestimmen das Leben und Arbeiten auf den „Majadas", den teils weit abgelegenen Hochalmen. Stirbt im 2003 zum Biosphärenreservat der UNESCO erklärten Nationalpark Picos de Europa eine jahrhundertealte Tradition aus?

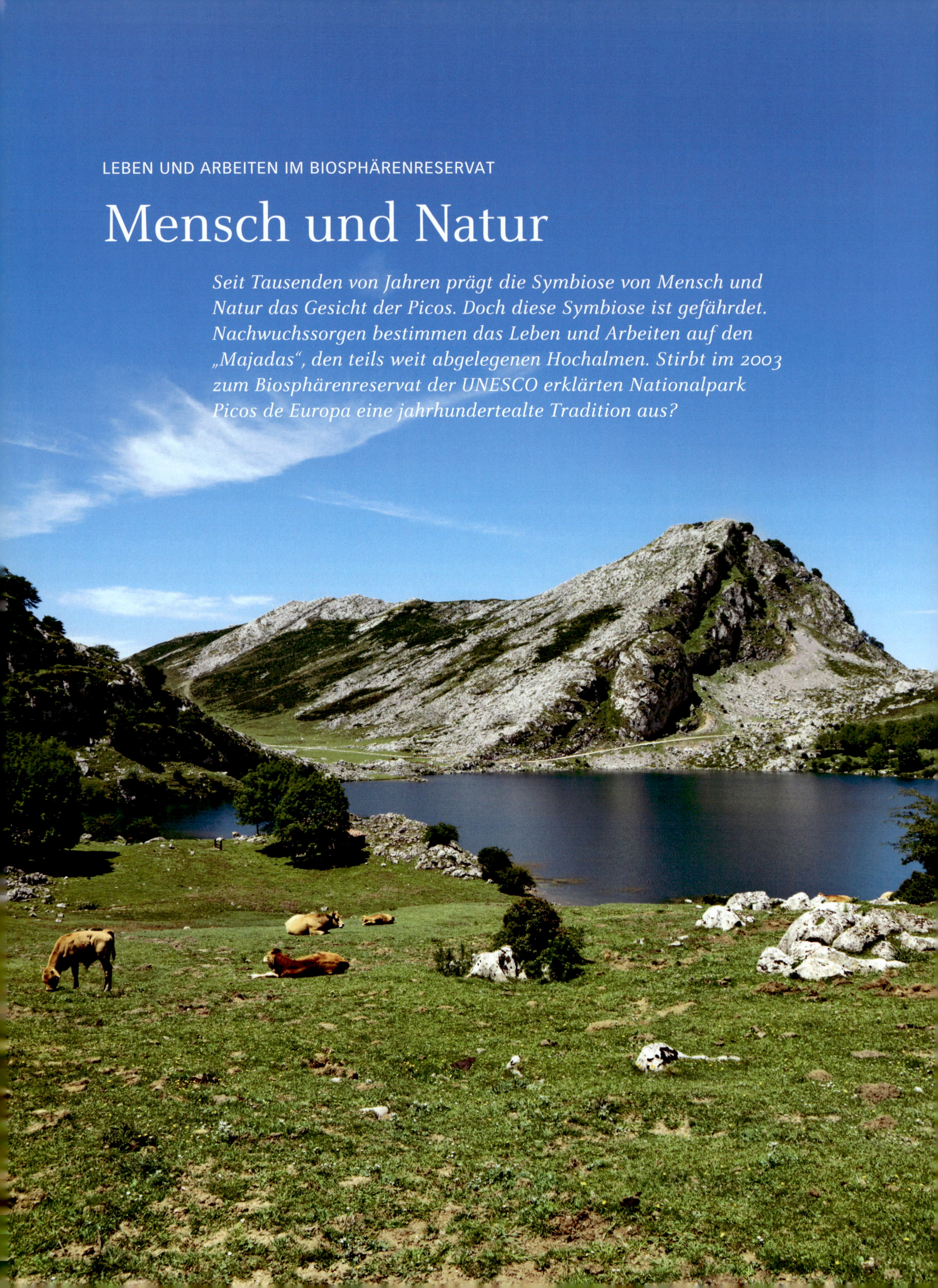

Weiter hoch, jetzt mehr rechts, genau! Die Kuh dort! Jetzt bring sie runter, aber nicht so schnell!" Manolo Remis Fernández ruft die Kommandos in wohlklingendem, aber für Außenstehende völlig rätselhaftem Asturisch seinem Kompagnon Tito zu. Dieser versteht, rennt, schaut und handelt auftragsgemäß. Tito ist ein Hütehund, die Kommunikation zwischen Hirten und Tier klappt perfekt. Auch wenn es Tito offensichtlich nicht passt, dass er die Kuh nicht in den Hintern beißen darf.

Manolo, 56, ist einer von einer Handvoll Viehwirten im Nationalpark Picos de Europa. 1918 gegründet und 1995 auf knapp 65 000 Hektar Fläche erweitert, ist er Spaniens ältester und größter Nationalpark. Gleichzeitig war und ist er als einziger schon immer besiedelt. Rund 2000 Menschen leben aktuell im geschützten Gebiet. Doch es werden immer weniger: Zu hart und unbequem ist der Job. Idyllische Hirtenromantik: Fehlanzeige. Das weiß auch Manolo Remis. Seine Kinder wird es wohl in die Stadt ziehen.

Das Aussterben der jahrhundertealten Tradition wäre dramatisch für die Picos de Europa. Ein uralter Kulturraum, der vom Zusammenspiel von Mensch und Natur lebt, ginge verloren. Seit Tausenden von Jahren prägt die Symbiose zwischen Mensch und Natur das Gesicht der Picos. Durch Rodung entstanden Almwiesen, die verbleibenden Wälder lieferten Brennholz und Baumaterial. Vieh- und Landwirtschaft, die Herstellung von Käse im Rhythmus der Jahreszeiten prägten das Leben. Von Frühjahr bis Herbst zogen ganze Familien mit Sack und Pack in die Berge. Es waren entbehrungsreiche Sommer, ohne Strom, ohne Verbindung mit dem Tal. Alles Lebensnotwendige musste mühsam von Mensch oder Esel über steile Pfade hinaufgetragen werden. Wanderer im schroffen Terrain der Picos können nachvollziehen, was das bedeutet. Schon jetzt zeugt so manches ausgreifende, verwilderte Farnfeld vom Fehlen der Weidewirtschaft. Doch es gibt Anlass zur Hoffnung. Seit Generationen widmet sich etwa die Familie von Conchi Pérez, 30, im winzigen Bergdorf Tielve der Herstellung von Cabrales-Käse. Alle Arbeitsschritte werden manuell durchgeführt, regelmäßig muss sie in die feuchte und kühle Naturhöhle, um die dort reifenden Käselaibe von Hand zu waschen und zu wenden.

„Sicher ist die Arbeit anstrengend", räumt sie ein, „aber ich habe mich daran gewöhnt. Außerdem lebt hier meine Familie, es ist meine Heimat." Und auch an der Zukunft wird gearbeitet. Im Jahr 2009 verbrachten Laura, 33, und Ignacio, 36, die erste Saison als Hüttenwarte im Refugio Vega de Ario. Mit dabei war der wenige Monate alte Sohn Sascha. Viele Sommer sollen folgen, denn „es gibt keinen besseren Ort, um unser Kind inmitten der Natur aufwachsen zu lassen". Vielleicht setzt er sich ja später auch für den Erhalt der einzigartigen Bergwelt ein.

INFORMATIONSZENTREN

Pedro Pidal (Centro de Visitantes/Besucherzentrum), Lagos de Covadonga, Mitte März–Mitte Dez. 10.00–18.00 Uhr
Casa Dago (Verwaltung und Besucherzentrum), Avda. Covadonga, 43, E-33550 Cangas de Onís (Asturien), Tel. 985 84 86 14, Mo.–Do. 8.00–14.30 Uhr und 16.00–18.00, Fr. 8.00–14.30 Uhr
Posada de Valdeón (Verwaltung und Besucherzentrum), El Ferial, E-24915 Posada de Valdeón (Castilla y León), Tel. 987 74 05 49, Juli–Sept. Mo.–Fr. 8.00–14.30, Sa./So. 9.00–14.00, 16.00–19.00, Okt.–Juni. Mo.–Fr. 9.00–15.00 Uhr

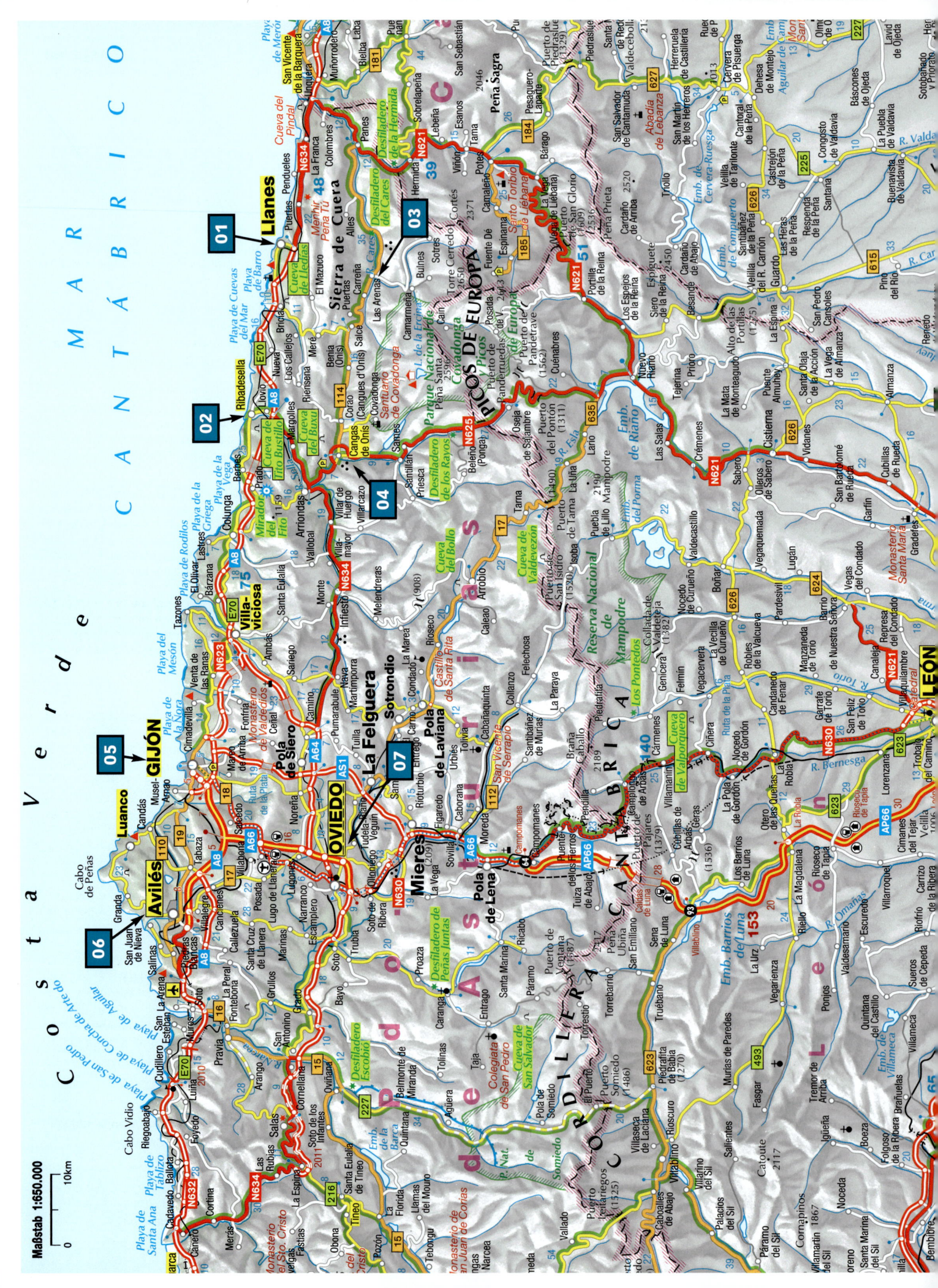

Infos

Asturisches Kontrastprogramm

Im Hochgebirge durch Schnee wandern, tief in die Geschichte Spaniens eintauchen, einen Abstecher in die Steinzeit machen, dann im Meer baden und den Tag mit einem Fischmenü beenden – all das an einem Tag zu erleben, ist in Asturien kein Problem. Rund 50 Straßenkilometer trennen die Picos de Europa von der Küstenstadt Ribadesella.

01 LLANES

Bis ins 18. Jh. lebte Llanes (4600 Einw.) von Fisch- und Walfang und Handel. Seit den 1940er-Jahren dienen das hübsche Städtchen und Umgebung regelmäßig als Filmkulisse für Kino- und Fernsehfilme.

Sehenswert

Zahlreiche **Prachtvillen** von Südamerika-Auswanderern („Casonas de Indianos") sowie das prächtige **Jugendstil-Casino** (1910) prägen den Ort. Das moderne Aushängeschild sind die **Cubos de la Memoria** (2001), vom baskischen Künstler Agustín Ibarrola farbenfroh gestaltete Betonquader an der Hafenmole. Die gotische **Basílica de Santa María** (13.–15. Jh.) entstand mit Geldern der Bürger und ist noch heute städtischer, nicht kirchlicher Besitz.

Umgebung

Steinzeitliche Gravuren und Zeichnungen zieren den markanten Felsen **Ídolo de Peña Tú** (13 km westl., www.petullanes.com). Das **Archivo de Indianos** in Colombres (22 km östl.) dokumentiert das Leben der Südamerika-Auswanderer („Indianos") im 19./20. Jh. Das himmelblaue **Museumsgebäude** (Quinta Guadalupe, 1906) ist selbst ein prächtiges Beispiel der Indiano-Architektur (Okt.–Mai Di.–Sa. 10.00 bis 14.00, 16.00–19.00, So. 10.00–14.00, Juni bis Sept. Di.–So. 11.00–14.00, 17.00–20.00 Uhr).

Restaurant/Unterkunft

€€€ Restaurante Sidrería Casa Poli, Puertas de Vidiago s/n, E-33500 Puertas de Vidiago (rund 5 km östl.), Tel. 985 41 11 42. Rustikale Sidrería in Natursteinhaus mit schönem Innenhof. Vor allem bei Einheimischen beliebt, mittags ist hier kaum ein Platz zu bekommen.
€€ Hotel El Habana, La Pereda (3 km südl.), E-33509 Llanes, Tel. 985 40 25 26, www.elhabana.net. Apartes Hotel im Art decó-Stil in altem asturischem Landhaus in 17.000 m² großem Landschaftsgarten, 12 Zi.

Information

Oficina de Turismo Llanes, C/ Alfonso IX s/n. La Torre, E-33500 Llanes, Tel. 985 40 01 64, Fax 985 40 19 99, 15. Juni.–15. Sept. tgl. 10.00–14.00, 17.00–21.00, sonst Mo.–Sa. 10.00–14.00, 16.00–18.30, So./Fei. 10.00–14.00 Uhr, www.llanes.com

02 RIBADESELLA

Die Stadt (3200 Einw.) an der Mündung des Río Sella ist Anfang August Zielort der internationalen Kajakabfahrt mit Hunderten von Teilnehmern. Spaniens Prinzessin Letizia verbrachte hier Kindheitstage bei den Großeltern.

Sehenswert

Ganz in der Nähe der hübschen Altstadt beherbergt die **Cueva de Tito Bustillo** an die 25 000 Jahre alte Felszeichnungen und Gravuren

Tipp

Die göttliche Schlucht

Eine relativ leichte, aber doch spannende Wanderung im Gebiet der 03 – 04 **Picos de Europa** ist die **Ruta del Cares**. Sie führt durch die spektakuläre Schlucht des Río Cares (auch „Garganta Divina", „Göttliche Schlucht" genannt) ins 11 km entfernte Caín. Die Route verläuft auf dem breiten und gut zu gehenden alten Wartungsweg des 1916 bis 1921 angelegten Wasserkanals, über den der Cares das Elektrizitätswerk in Poncebos speist. Mit nur rund 450 m Höhenunterschied ist die Tour an einem Tag hin und zurück zu schaffen. Da sie eine der am meisten frequentierten Wanderungen Spaniens ist, sollte sie an Ostern, im August, sowie an Wochenenden gemieden werden. Für Radfahrer ist sie verboten.

(April–Mitte Sept. Mi.–So. 10.00–16.30 Uhr, max. 360 Personen/Tag, Tel. 985 86 11 20).

Unterkunft

€€€ Hotel Villa Rosario, Paseo de La Playa s/n., Tel./Fax 985 86 00 90, www.hotelvillarosario.com. Schon von außen beeindruckendes Hotel in einer ehemaligen „Indiano"-Villa am Strand von Ribadesella. Jedes der geräumigen Zimmer hat einen eigenen Stil, von kokett über gemütlich bis elegant, 17 Zi.

Information

Oficina Municipal de Turismo, Paseo Princesa Letizia s/n, E-33560 Ribadesella, Tel. 985 86 00 38, Mai/Juni Mo.–Sa. 10.00–14.00, 17.00–20.00, So./Fei. 11.00–14.00, Juli–Sept. tgl. 10.00–22.00, Okt.–Apr. Di.–Sa. 10.00–14.00, 17.00–20.00, So./Fei. 10.00–14.00 Uhr, www.ribadesella.es

03 – 04 PICOS DE EUROPA

Spaniens ältester und größter Nationalpark nahm 1918 als „Montaña de Covadonga" seinen Anfang. 1995 erfolgte die Erweiterung auf 65 Hektar in den Autonomen Regionen Cantabrien und Castilla y León und die Umbenennung in **Parque Nacional de los Picos de Europa ▶ TOPZIEL**. In Asturien befinden sich der höchste Gipfel des Massivs (Torrecerredo, 2648 m) und der legendärste (Naranjo de Bulnes, asturisch Picu Urriellu, 2519 m).

Sehenswert

Im kleinen 03 **Arenas de Cabrales** (800 Einw.) geht es außerhalb der Saison sehr entspannt zu. Die Schauhöhle **Cueva de Exposición** gibt Einblick in die Herstellung des Cabrales-Käse inklusive Kostprobe (Sommer tgl. 10.00–14.00, 16.00–20.00 Uhr, Winter nur Sa./So.). Bei Poncebos (8 km südl.) beginnt die **Ruta del Cares** (siehe Tipp). Ein Fußweg bzw. die Standseilbahn (Funicular) bringen ins autofreie **Bulnes**. Etwa 18 km südl. ist das auf 1050 m gelegene **Sotres** das höchste Dorf Asturiens.
Das hübsche, aber recht touristische 04 **Cangas de Onís** (6700 Einw.) war im 8. Jh. die erste Hauptstadt des Königreichs Asturien. An der großen romanischen Brücke hängt eine Nachbildung des Siegerkreuzes von König Pelayo. Er selbst hat in der Mariengrotte des Nationalheiligtums Covadonga (11 km südwestl.) die letzte Ruhe gefunden. Prähistorische Felsmalereien finden sich in der **Cueva del Buxu bei Cardes** (2 km östl. Cangas de Onís. Führungen Mo.–Mi. 10.30, 11.30, 12.30, 15.15, 16.15 Uhr, max. 25 Personen/Tag. Tel. 608 17 54 67).

Einkaufen

Lokale Spezialitäten sind auf dem **Sonntagsmarkt** in Cangas de Onís erhältlich.

Unterkunft

€ Hotel Arenas de Cabrales, Crta. Principal, E-33555 Arenas de Cabrales, Tel. 985 84 68 14, www.hotelarenasdecabrales.com. Nettes klei-

Infos

nes Landhotel in einem alten Herrenhaus. Geräumige Zimmer und schöner Innenhof, 9 Zi.
€€ Hotel La Cepada, Avda. de Contranquil s/n, E-33550 Cangas de Onís, Tel. 985 84 94 45, www.hotellacepada.com. Sehr geräumige Zimmer, schlichte, aber elegante Einrichtung, 20 Zi.
Nahe Arriondas:
€ Posada del Valle, Collía, E-33549 Arriondas, Tel. 985 84 11 57, www.posadadelvalle.com. Landhotel am Fuß der Sierra del Sueve in restauriertem Bauernhof, 2008 vom Umweltministerium für Bio-Essen und das umweltschonende Konzept ausgezeichnet, 12 Zi.

Information
Oficina de Turismo Cangas de Onís, Plaza Camila Beceña 1, E-33550 Cangas de Onís, Tel. 985 84 80 05, Ostern, Juli–Sept. tgl. 9.00–21.00, Okt.–Juni tgl. 10.00–14.00, 16.00–19.00 Uhr, www.cangasdeonis.com

Dudelsackspieler vor der Kathedrale in Oviedo: Warum sollen immer nur Glocken läuten?

05 GIJÓN

Die Hafen- und Industriestadt ist Asturiens größte Stadt (278 000 Einw.). Im spanischen Bürgerkrieg wurde leider ein Großteil der historischen Altstadt zerstört.

Sehenswert/Museum
Die Römer verlegten die heutige Altstadt (Cimavilla) auf die Halbinsel Santa Catalina. Auf der parkartigen Anhöhe finden sich Fragmente der **römischen Stadtmauer** und **Schutzburg** (Atalaya). Sie bietet einen schönen Blick über die Stadt, den Hafen und den Stadtstrand Playa de San Lorenzo. Die Betonskulptur Elogio del Horizonte (Lobpreisung des Horizonts) stammt von Eduardo Chillida. Oberhalb der Stadt liegt der auf die atlantische Vegetation spezialisierte **Botanische Garten** (Avda. del Jardín Botánico s/n, 10.00 Uhr bis Sonnenuntergang, www.jardinbotanico.org).
Das **Museo del Ferrocarril de Asturias** im alten Nordbahnhof begeistert mit über 100 Lokomotiven und Waggons auf 17 000 m² Ausstellungsfläche nicht nur Eisenbahnfans (Okt. bis März Di.–Fr. 9.30–18.30, Sa./So./Fei. 10.00 bis 18.30, Apr.–Sept. Di.–Fr. 10.00–19.00, Sa./So./Fei. 10.30–19.00 Uhr, http://museos.gijon.es).

Restaurant
€€€€ Restaurante Casa Gerardo, Ctra. Avilés-Gijon AS-19, Km 9, E-33438 Prendes (Carreño, 10 km nördl. von Gijón/18 km östl. von Avilés), Tel. 985 88 77 97, www.casa-gerardo.com. Familienrestaurant in fünfter Generation.

Umgebung
Zwischen Gijón und Ribadesella haben an der **Costa de los Dinosaurios** Dinosaurier Fußab-

drücke hinterlassen. Hintergrundwissen vermittelt das **Museo del Jurásico de Asturias** (Muja) bei Colunga (40 km östl., www.jurasicoasturias.com). **Villaviciosa** (30 km östl.) ist die Hauptstadt der asturischen Sidra. Jeweils am ersten Sonntag im September steigt die Fiesta de la Sidra, das Apfelweinfest.

Information
Gijón Tourist Information im Yachthafen, C/ Rodriguez San Pedro s/n, Tel. 985 34 17 71, tgl. 10.00–20.00 (Aug. bis 22.00 Uhr), www.gijon.info

06 AVILÉS

Avilés (79 000 Einw.) ist das Bilbao Asturiens. Wie jenes will es sich von der Industrie- zur Kulturstadt wandeln. Potenzial ist mit der verkehrsberuhigten Altstadt sowie schönen Parks und Grünanlagen absolut vorhanden.

Sehenswert …
ist das avantgardistische **Internationale Kulturzentrum Oscar Niemeyer** (www.niemeyer center.org). Herrlich Bummeln lässt es sich in der weitgehend autofreien Altstadt. Die **Iglesia de los Padres Franciscanos** (12./13. Jh.) ist das älteste original erhaltene Gebäude der Stadt. In der Kirche liegt Pedro Menéndez (1519 bis 1574), der Eroberer von Florida, begraben. Im ehemaligen Fischerviertel Sabugo findet man die **Iglesia Vieja de Sabugo** (12./13. Jh., romanisch bis frühgotisch). Die neugotische **Iglesia de Santo Tomás de Canterbury** entstand ab 1896 mit Geldern reicher Bürger und Kuba-Auswanderer. Der 80 000 m² große **Parque de Ferrera** ist die grüne Lunge der Stadt.

Veranstaltungen
Ostern: **Pascua y El Bollo** – ein fröhlicher Abschluss der Fastenzeit.

Umgebung
Malerisch schmiegt sich das Fischerstädtchen **Cudillero** (25 km westl.) in eine enge Steilbucht. Oberhalb davon, in **El Pitu**, sind im Palacio Selgas (Ende 19. Jh.) die Kunstschätze der Selgas-Stiftung ausgestellt (darunter Gemälde von Goya, El Greco). Zum Anwesen gehört ein 90 000 m² großer Park im englischen, französischen und italienischen Gartenstil. Das Hafenstädtchen **Luarca** (40 km westl.) verfügt über eine einzigartige Ausstellung von bis zu 13 m langen Riesenkraken (www.cepesma.com).

Information
Oficina de Información Turística, C/ Ruíz Gómez 21, E-33402 Avilés, Tel 985 54 43 25, Mo.–Fr. 9.00–14.00, 16.30–18.30, Sa./So./Fei. 10.00–14.00, Juli–17. Sept. tgl. 10.00–20.00 Uhr, www.aviles.es

07 OVIEDO

Die Hauptstadt des Fürstentums Asturien (210 000 Einw.) entstand aus einem im Jahr 761 gegründeten Kloster. Die Altstadt von **Oviedo ▶ TOPZIEL** verführt mit gemütlichem Charme und kulturhistorischen Schätzen.

Sehenswert/Museum
Die gotische **Catedral de San Salvador** (14.–16. Jh.) steht über einer Vorgängerkirche aus dem 8. Jh. Ihre Cámara Santa (9. Jh.) beherbergt den bedeutendsten Reliquienschatz der Gründerzeit des Königreichs, in der Krypta des

DuMont Aktiv

Panteón de los Reyes (15. Jh.) ruhen die asturischen Könige (Juli–Aug. Mo.–Fr. 10.00–19.00, Sa. 10.00–17.15, Sept. bis 18.00, restl. Monate von 13.00–16.00 Uhr geschl.). An der zentralen Plaza de Alfonso II. steht das älteste Zivilgebäude der Stadt, der **Palacio de la Rúa** (15. Jh.). Traditionelle Sidra-Bars finden sich in der C/ Gascona (Spitzname Sidra-Boulevard), um die Pl. de la Constitución (mit Rathaus, 17. Jh.) und um die stimmungsvolle Plaza del Fontán (mit Markthalle, 19. Jh.). Zwischen Alt- und Neustadt erstreckt sich der große Park **Campo de San Francisco**.

Das **Museo de Bellas Artes** (Palacio de Velarde, 18. Jh.) verfügt über eine der größten öffentlichen Kunstsammlungen Spaniens vom Mittelalter bis zum 20. Jh. (C/ Santa Ana 1–3, Tel. 985 21 30 61, www.museobbaa.com, Di.–Fr. 10.30–14.00, 16.30–20.30, Sa. 11.30–14.00, 17.00–20.00, So./Fei. 11.30–14.30 Uhr).

Restaurant/Unterkunft

€€€ **La Goleta**, C/ Covadonga 32, Tel. 985 21 38 47, www.lagoleta.com. In vierter Generation betriebenes, auf Fischgerichte und traditionelle asturische Küche spezialisiertes Restaurant. Originell ist der wie der Innenraum eines alten Schoners gestaltete Speisesaal.
€€€ **Meliá Hotel de la Reconquista**, Gil de Jaz 16, Tel. 985 24 11 00, www.hoteldelareconquista.com. Luxus pur im denkmalgeschützten ehemaligen Hospital von Oviedo. Das 5-Sterne-Hotel gilt als eines der renommiertesten in Spanien, 142 Zi.

Umgebung

Die **Iglesia de San Julián de los Prados** (Nordostrand Zentrum) (9. Jh.; schöne Fresken) ist die älteste und größte vorromanische Kirche Spaniens (Mai–Sept. Di.–Fr. 10.00–12.30, 16.00–17.30, Sa. 9.30–12.00, 15.30–17.00, Mo. 10.00–12.30, Okt.–Apr. Mo. 10.00–12.30, Di. bis Sa. 9.30–11.30 Uhr). 4 km nordwestl. locken gleich zwei sehenswerte vorromanische Kirchen: **Santa María del Narranco** (9. Jh.) und **San Miguel de Lillo** (9. Jh.). In **El Entrego** (25 km südöstl.) widmet sich das Bergbaumuseum der Industriegeschichte Asturiens (Di.–Sa. 10.00 bis 14.00, 16.00–19.00, So. 10.00–14.00 Uhr. www.mumi.es). **Pola de Siero** (20 km nordöstl.) ist der einzige Ort Spaniens, in dem zu Ostern Eier kunstvoll bemalt werden (asturisch: Güevos pintos). Oster-Di. Ausstellung und Verkauf.

Information

Oficina Municipal de Turismo, Plaza de la Constitución 4, E-33009 Oviedo,
Tel. 984 08 60 60, tgl. Juni 10.00–19.00, Juli bis Sept. 9.30–19.30, Okt.–Mai 10.00–14.00, 16.30 bis 19.00 Uhr, http://turismo.ayto-oviedo.es

Pack die Wanderschuhe ein!

Die Gegend rund um die Lagos de Covadonga müsste eigentlich in die Liste der schönsten Reiseziele der Welt aufgenommen werden: Auf rund 1000 Metern Höhe liegen die beiden kleinen Bergseen in saftiges Grün eingebettet, darauf glückliche Kühe mit bimmelnden Glocken, dahinter schneebedeckte Gipfel. Eine ganze Reihe von Wanderwegen entführt in diese Bergwelt.

Die ehemaligen Gletscherseen Enol und Ercina zählen zu den berühmtesten Ausflugszielen Spaniens. Ein entsprechendes Tohuwabohu herrscht während der Sommersaison. Außerhalb davon eröffnen sie einen wunderbaren Zugang zum Nationalpark Picos de Europa.

Mit und ohne Wanderstock ein Erlebnis

Gleich vier markierte – auch für Kinder geeignete – Wanderrouten stehen zur Wahl. Wer noch dazu in einer der beiden recht einfachen, aber betreuten Berghütten Vega de Ario (auf 1624 m Höhe) oder Vegarredonda (1466 m) übernachtet, der wird mit unvergesslichen Naturerlebnissen und bei klarem Wetter mit einem unglaublich schönen, geradezu überwältigenden Sternenhimmel beschenkt.

Der PR-PNPE 2 ist die 5 km lange Einsteigerrunde rund um die beiden Seen. Zum etwa 7 km entfernten Refugio de Ario führt der PR-PNPE 4. Er lässt sich gut mit der etwa 10 km langen Rundtour des PR-PNPE 8 zu den Majadas (Bergalmen) von Las Bobias und Belbín verbinden.

Die Königsetappe ist sicherlich der hin und zurück insgesamt 24 km lange PR-PNPE 5 zum Refugio Vegarredonda und weiter zum Mirador de Ordiales, dem wunderschön auf 1764 m Höhe gelegenen Grab von Pedro Pidal, dem Vater des Nationalparks.

Alle Wege sind mit Schildern und gelb-weißen Farbmarkierungen gekennzeichnet.

WEITERE INFORMATIONEN

Anfahrt: Von Cangas de Onís auf A-114 bis Soto de Cangas, von dort auf AS-262 über Covadonga bis zu den Seen (24 km). An Ostern und Ende Juli bis Anfang Sept. von 10.00 bis 18.30 Uhr nur Anfahrt mit Bus ab Parkplätzen zwischen Soto de Cangas und Covadonga. Vor 9.00 und ab 20.00 Uhr Zufahrt mit eigenem PKW möglich. **Hütten:** Von Mai–Okt. ist das Refugio Vega de Ario geöffnet (Winter nur unbetreutes Biwak), *www.refugiovegadeario.com*. Ganzj. wird das Refugio Vegarredonda betreut, *www.vegarredonda.com*.

Das Land am Ende der Welt

Abgeschottet hinter hohen Bergen, nur leidlich ans inländische Wegenetz angeschlossen, blieb Galicien über Jahrhunderte sich selbst überlassen. Römer und Araber prägten nur schwache Spuren. Der Jakobsweg brachte zwar das katholische Europa ans Ende der Welt, doch der Glaube an Hexen und Geister blieb lebendig. Auch landschaftlich gleicht das grüne Galicien eher Irland denn Spanien.

In der Altstadt von Vigo: „Schon gehört?" Auf dem Nachhauseweg werden gleich die Neuigkeiten des Tages erörtert

Betanzos: Markt auf der Plaza de Hermanos García Naveiras mit der Iglesia Santo Domingo im Hintergrund

An der Ría de Ortigueira: Wie bei einem skandinavischen Fjord stürzen hier die Klippen zum Meer hinab

Im touristischen Schnellprogramm
kann Galicien auf den Jakobsweg
und Santiago de Compostela redu-
ziert werden. Spaniens äußerster Nordwesten hat aber noch viel mehr zu bieten. Das offenbart sich freilich nur den-
jenigen, die sich die Zeit dafür nehmen.

HALB MEER, HALB FLUSS

Galicien entspricht in etwa der Fläche
Belgiens. Mit 2,8 Millionen Einwohnern
hat es aber nur knapp ein Viertel von
dessen Bevölkerung. Obwohl die meisten Galicier entlang der rund 1500 Kilometer langen Küste leben, ist sie eine der
ursprünglichsten Spaniens geblieben.
Im 19. Jahrhundert prägte der deutsche
Geograph Ferdinand von Richthofen
den Begriff „Ría" für die weit ins Land
greifenden Wasserarme. Halb Fluss,
halb Meer verleihen sie den Rändern
Galiciens ihr ausgefranstes Aussehen.
Zwischen Asturien und A Coruña prägen
die Rías Altas, die oberen Rías, die Landschaft. Eine faszinierende Mischung von
lieblich und schroff, von Strand und
Klippen, von menschenleeren Landstrichen und kleinen Fischerorten. Westlich von Ribadeo ist die Praia As Catedrais, deren ausgewaschene Küstenfel-
sen an die Ruinen einer Kathedrale
denken lassen, der prägnanteste einer
ganzen Reihe von Stränden. Auf der
Fahrt von der Ría de Viveiro zur Ría de
Ortigueira wechseln die Impressionen
im Minutentakt. Ein Muss ist der Abstecher zum windumtosten nördlichsten
Punkt der iberischen Halbinsel am
Cabo de Estaca de Bares. Spätestens in
der weltfernen Einsamkeit der Serra de
Capelada mit den höchsten Klippen
Europas wähnt man sich am Ende der
Welt. Bis einen die helle Hafenstadt
A Coruña in das Hier und Jetzt zurück-
holt – aber auf angenehme Weise.

KARIBISCHE SCHÖNHEITEN

Die relativ schwache touristische Er-
schließung Galiciens birgt auch Vor-
teile. Was am Mittelmeer vielerorts der
Vergangenheit angehört, ist hier noch

Bei Ourense mündet der Río Sil in den Río Miño

Auf dem Weg nach Finisterre an der Costa da Morte kommt man an einigen hübschen Orten
wie hier Corcubión vorbei

Segeln und Baden in herrlicher Natur: bei den Islas Cíes, einer kleinen, Vigo vorgelagerten Inselgruppe

Westlich von Muros lockt die Praia de San Francisco strandhungrige Sonnenanbeter

Nur bei Ebbe begehbar ist der weitläufige Sandstrand der Praia de las Catedrais bei Ribadeo: Während der Flut sind die gewaltigen schwarzen Felsbögen, die dem „Strand der Kathedralen" seinen Namen gaben, zum Großteil von Wasser bedeckt

Weithin sichtbares Wahrzeichen von A Coruña ist die Torre de Hércules, der Herkulesturm an der äußersten Spitze der Halbinsel, auf der die Stadt gelegen ist

Hohe Klippen, pilgernde Frösche: Magie am Nordpunkt

Stellenweise fallen die Klippen der Serra de A Capelada über 600 Meter tief ins Meer – das ist ein europäischer Rekord!

Besonders spektakulär ist die Aussicht vom Mirador de la Garita de Herbeira an der Straße von Cedeira nach Cariño am Cabo Ortegal. In einer der Bergfalten versteckt sich das bedeutendste galicische Heiligtum: San Andrés de Teixido. Der Legende nach kenterte der Apostel Andreas vor dem abgelegenen Landstrich. Gott versprach ihm quasi als Entschädigung einen Wallfahrtsort, zu dem wirklich alle Gläubigen kommen werden: „Nach San Andrés pilgert als Toter, wer es als Lebender nicht tat", heißt es. Die postmortale Pilgerschaft wird in der Regel als Schlange, Frosch oder Eidechse absolviert. Die lebenden Pilger verleihen mit menschlichen Figuren oder Gliedmaßen aus Wachs der Bitte um Linderung körperlicher Gebrechen Nachdruck. Ob

Am nördlichsten Punkt Galiciens

es hilft? „Für irgend etwas muss es gut sein", meint eine Verkäuferin, „sonst würden sie es ja nicht tun". Unweit der Sierra ragt der nördlichste Punkt der iberischen Halbinsel in den Atlantik. Wer das Glück hat, den abgelegenen windumtosten Felsfinger des Cabo de Estaca de Bares allein zu erleben, der spürt die magische Kraft von Land und Meer.

Realität. Dazu gehören etwa die meist unverbauten, naturbelassenen Sandstrände. Die britische Zeitung „The Guardian" kürte 2007 die Praia das Rodas auf den Cíes Inseln vor Vigo zum schönsten Strand der Welt. Feiner weißer Sand, türkisblaue Buchten – die Bezeichnung „karibisch" sei absolut zutreffend. Zumindest, „solange man nicht den Zeh ins Wasser steckt".

Postkartenflair und angenehme Badetemperaturen vereint die schöne sichelförmige Bucht Praia da Langosteira bei Finisterre. Schlicht atemberaubend ist der Strand bei Carnota an der Mündung des Río Valdebois. Bei Ebbe bildet der Fluss herrlich warme Planschbecken zwischen Kiefernsaum und Meer. Auf dem kilometerlangen Sandband muss auch niemand mit dem Handtuch um die besten Plätze kämpfen.

DELIKATESSEN AUS DEM MEER

Bis zur Entdeckung Amerikas hörte am Kap Finisterre die Welt auf. Doch für die Galicier ist es der Beginn ihrer wichtigsten Lebensgrundlage. Rund 60 Prozent des spanischen Fischfangs landet in galicischen Häfen an, allen voran in Vigo und A Coruña. Doch auch die andernorts längst verloren gegangene authentisch-raue Fischerromantik gibt es noch: in Küstenorten wie Malpica de Bergantiños, Muxía, Finisterre oder Mu-

In Hafen von Fisterra. Von hier führt der Weg weiter zum Cabo Fisterra an der galizischen Westküste, dem „finis terrae", also dem (vermeintlichen) Ende der Welt, das fälschlicherweise oft als westlichster Punkt des europäischen Festlands bezeichnet wird (tatsächlich liegt dieser in Portugal)

Im Hafen von Camariñas an der Costa da Morte: Der martialische Name dieser „Todesküste" hat wenig damit zu tun, dass hier nachts die Klabautermänner in gelbe Joppen schlüpfen und Unheil anrichten würden, und viel mit den oft recht unsanft an die Küste brandenden Wellen des Atlantiks

Paarweise: In der Altstadt von Vigo sucht der Hänsel seine Gretel – und findet sie, wer weiß, vielleicht im Café Grettel

ros, wo noch Kleinfischer ihre Waren feilbieten. Neben Bekanntem wie Seehecht, Kabeljau, Seeteufel, Tintenfisch, Langusten oder der typisch galicischen Krabbe Nécora schaut da auch allerlei Fremdartiges aus den Auslagen. Die Erklärung der Händler bringt meist wenig Erhellung – galicische Namen in breitem galicischen Dialekt. Da hilft nur: mutig kaufen und tapfer probieren. Selten wird man es bereuen.

Für die begehrteste Delikatesse, die „Percebes" (Entenmuscheln), setzen wagemutige Männer, die „Precebeiros", ihr Leben aufs Spiel. Immer der harschen Brandung ausgesetzt, pflücken sie die Muscheln von den schroffen Brandungs-

felsen der Costa da Morte. Nicht umsonst kostet selbst in Cedeira, dem Hauptort der Percebes, ein Kilo um die 60 Euro, zu Weihnachten locker um die 200 Euro.

VON MUSCHELN UND WEIN

Mies-, Herz-, Schwert- und Venusmuscheln sind in den Rías Baixas alle zu haben, ob aus Aquakultur oder bei Ebbe von den „Mariscadoras", den Muschelsammlerinnen, per Hand aus dem Sand der Rías geklaubt. In Vigos Altstadt werden Austern ganz unprätentiös wie ein einfacher Snack direkt auf der Straße geschlürft, von der Marktfrau geknackt. Der passende Vino Blanco dazu wächst gleich in der Nähe. Zwischen der gewal-

tigen Ría de Arousa und der Ría de Pontevedra gedeihen die vollmundig frischen Albariños, vielleicht die besten Weißweine Spaniens. Weiter im Inland erstreckt sich rund um Ribadavia das Anbaugebiet des Ribeiro. Im 16./17. Jh. brachte sein Export nach Deutschland, Flandern und Italien großen Wohlstand in die Region. Die malerischen Weinberge der Ribeira Sacra entlang des Río Miño erfreuen Wein- und Naturliebhaber gleichermaßen.

VON PARTY BIS BIZARR

An Vielfalt mangelt es dem Süden Galiciens wahrlich nicht. Der Badeort Sanxenxo gibt sich mit gut besuchten Sand-

Am Ziel der Reise: Pilger auf der Praza do Obradoiro, zu Füßen der nach Westen ausgerichteten Hauptfassade der Kathedrale in Santiago de Compostela

Das Gästehaus der Katholischen Könige, Hospital de los Reyes Católicos (oben links), wurde von Ferdinando de Aragona und Isabela de Castilla gegründet, um Pilgern als Herberge und Krankenhaus zu dienen. Heute ist es ein Parador-Hotel. Oben rechts: die Catedral de Santiago

stränden, Yachthäfen und Partymeilen ganz mediterran, inklusive entsprechender Bebauung. Beschaulicher geht es in der außerordentlich schönen Altstadt von Pontevedra zu. Eine Ähnlichkeit mit Santiago de Compostela ist durchaus vorhanden, nur ist alles ein wenig gemütlicher, puppenstubenhafter. Ob beim Bummel durch die verwinkelten, von hübschen Säulengängen gesäumten Gassen oder bei der Einkehr auf einem der romantischen Plätze, hier lässt sich wunderbar die Zeit vertrödeln. Entspannung in heilsamen Wässern verheißen die Thermalquellen von Ourense. Schon die Römer wussten sie zu schätzen. Nur zu Karneval – galicisch „O Entroido" – sollten zartere Gemüter die Provinz mit ihren teils bizarren Bräuchen meiden: In Laza etwa werfen die „Peliqueiros" mit lebenden Ameisen um sich, der „Cigarrón" von Verín hat Spaß am Auspeitschen der Zuschauer.

DICHTER, DENKER, LENKER
Vielleicht liegt es am eher regnerischen Wetter, dass den Galiciern auch ein melancholischer, nachdenklicher Zug eigen ist. Die Lyrikerin Rosalía de Castro (1837–1885) gab ihm als erste moderne Autorin auf Galicisch Ausdruck. Ihr 1863 erschienener Band „Cantares Gallegos" („Galicische Gesänge") trug wesentlich zum neuen Selbstbewusstsein der

Galicier bei. John Trulock, der Großvater mütterlicherseits des Literaturnobelpreisträgers Camilo José Cela (1916–2002) brachte Galicien auf andere Weise vorwärts: Er war der Geschäftsführer der ersten, 1873 eröffneten galicischen Bahnlinie zwischen Santiago de Compostela und Vilagarcía de Arousa.

GLAUBE ODER ABERGLAUBE?
Winzige Dörfer wie aus dem Mittelalter, alte Bauern hinter dem Pferdepflug,

Du denkst, Galicien ist klein? Ich sage dir, Galicien ist eine Welt. Vicente Risco

Maisfelder, Kuhweiden, Eukalyptuswälder und archaische Bergwelten lassen einen im Herzen Galiciens die Nähe zum Meer fast gänzlich vergessen. Das Leben dort ist entbehrungsreich, oft bleiben nur noch die Alten in den Dörfern. Es ist diese Atmosphäre, in der sich katholische Religion und vorchristlicher Glaube vermischen. An langen, kalten Winterabenden erzählt man sich Geschichten, für die es keine rationale Erklärung gibt; vielleicht noch angeheizt

durch eine „Queimada", eine galicische Feuerzangenbowle. Das hochprozentige Getränk soll frei von bösen Geistern sein. Was einen dicken Kopf nach übermäßigem Genuss nicht ausschließt.

NACH DER KATASTROPHE
Nach dem Untergang des Öltankers Prestige im November 2002 fürchtete Galicien das Ende des fragilen Ökosystems, des Fischfangs und des bescheidenen Sommertourismus. Bis weit in den

Golf von Biskaya drangen rund 77 000 Tonnen Schweröl vor. Inzwischen scheinen die Küsten sauber. Umweltschützer sehen das Problem jedoch längst nicht als behoben an – auf dem Meeresgrund und unter dem Sand laure noch Gefahr. Da bei der Katastrophe die Fischbrut getötet wurde, fehlen mindestens zwei Generationen. Bis wirkliche Normalität eintritt, werden wohl noch einige Jahre vergehen. Und doch ist Galicien immer eine Reise wert.

Pilgern im Zeichen der Jakobsmuschel

Kaum hatte Alfonso II., König von Asturien, die Nachricht vom Auffinden des Grabes des Apostels Jakobus erhalten, da eilte er auch schon von Oviedo ins ferne Galicien. Rund 100 Jahre später, um 950, pilgerte Bischof Godescalc von Le Puy als erster Ausländer zum Apostelgrab. Die erste internationale Reiseroute Spaniens war geboren.Wie kaum eine andere Reiseroute verbindet der Jakobsweg eine tief spirituelle Dimension mit einer großen touristischen Attraktivität. Groß sind auch die Hoffnungen, die zuweilen in ihn gelegt, aber keineswegs immer erfüllt werden.

Ohne den Jakobsweg sähe Nordspanien vielleicht anders aus. Anfangs reisten die Pilger entlang der Atlantikküste, fern vom arabischen Einflussbereich. Während der Reconquista dehnte sich das christliche Siedlungsgebiet nach Süden aus. Steuerliche Erleichterungen und Handelsprivilegien ließen Städte wie Estella rasch wachsen. Neue Straßen und Brücken machten den „Camino Francés" von der französischen Grenze in den Pyrenäen über Pamplona, Logroño, Burgos, León, Astorga und Ponferrada als Reiseroute attraktiv. Klöster entstanden selbst in abgelegenen Ecken wie San Juan de Ortega, gut organisierte Ritterorden sorgten für die Sicherheit der Reisenden.

Die Pilger gaben Spanien aber auch Anschluss an die Kultur und Gedankenwelt im übrigen Europa. Wunderbare romanische Kleinode wie das Felsenkloster von San Juan de la Peña bei Jaca, die Kapelle Santa María de Eunate bei Puente la Reina oder das bestechend schöne Kirchlein San Martín von Frómista gehören zu den Glanzmomenten des Weges. Bauwerke wie die gotischen Kathedralen von Burgos oder León beeindrucken die weit gereisten Pilger bis heute.

PILGERN ALS EGOTRIP?

Seit einigen Jahren ist die Anziehungskraft des Jakobsweges neu erwacht. Neben den einzigartigen Sehenswürdigkeiten und abwechslungsreichen Landschaften lockt vor allem seine religiöse und spirituelle Komponente. Für die mittelalterlichen Wallfahrer zählten vor allem das Ziel und die damit verbundene Erlösung von Sünden oder Erfüllung von Fürbitten. Moderne Pilger verlangen vom Weg selbst eine Antwort auf Fra-

Damit alles seine Ordnung hat: Stempel und Bild vor der Kathedrale sind obligatorisch. Danach stellt sich die Frage: Und was kommt jetzt?

Immer mehr Pilger suchen Alternativrouten jenseits vom Massen- und Zeitgeistpilgern.

gen und Probleme aller Art. So gerät das Pilgern nicht selten zum Egotrip. Seit zehn Jahren ist Acacio de Paz Herbergsvater am Camino Francés, zusammen mit seiner Partnerin Orietta führt er eine kleine Pilgerherberge in Viloria de Rioja (Provinz Burgos). Im Vergleich zu früher hätten viele Pilger

Stilisierte Jakobsmuscheln (links), nach dem heiligen Jakobus, dem Schutzpatron der Pilger, benannt, dienen auf dem Jakobsweg (rechts bei Fisterra) als Weg- und Erkennungszeichen

die Bereitschaft zum Teilen verloren, beobachtete er, „oder auch die Fähigkeit, einfach nur zu *sein*, sich an den kleinen Dingen zu erfreuen". Vielen sei gar nicht bewusst, was sie da eigentlich tun. „Sie vergessen, dass nicht das Gehen das Wichtigste ist, sondern das *bei sich sein*." Würden mehr Pilger diese Überlegung beherzigen – die leidige und viel kritisierte Rennerei um die Betten auf dem Camino Francés hätte ein Ende. Denn auch das ist wahr: Allein ist hier schon lange niemand mehr unterwegs.

DER WEG DES LEBENS
Immer mehr Pilger suchen Alternativrouten jenseits vom Massen- und Zeitgeistpilgern. Fündig werden sie auf dem Nordweg entlang der Atlantikküste. Lange vernachlässigt, bietet er inzwischen eine angenehme Balance zwischen Ursprünglichkeit und Annehmlichkeiten. Ohne den Druck der Massen kann man hier noch im eigenen Rhythmus wandern und die Eindrücke wirken lassen. Umso einprägsamer sind Begegnungen mit Menschen wie Ernesto Bustio, dem Pfarrer der kleinen Gemeinde Güemes, kurz vor Santander, und Herbergsvater. Ende der 1970er-Jahre reiste er mehr als zwei Jahre lang durch Afrika und Südamerika, arbeitete in Bergminen und mit Andenbauern. Diese und weitere Reisen waren seine „Universität des Lebens". Seit Mitte der 1980er-Jahre ist die „Cabaña del Abuelo Peuto" Begegnungsstätte und Sitz der NGO El Brezo, die sich für mehr Verständnis unter den Völkern und gegen Rassismus einsetzt. Als immer mehr Pilger anklopften, öffnete Bustio 1999 auch ihnen die Türe. Seine Herberge ist ein Werk freiwilliger Helfer und gefundener oder geschenkter Materialen. Bustio setzt damit ein Zeichen gegen den zunehmenden Konsumismus und die Wegwerfgesellschaft, wie er beim gemeinsamen Abendessen am großen Tisch erzählt. Im besten Fall, so hofft er, nehmen die Pilger ein Stück Gemeinschaftsgefühl und Toleranz nicht nur mit auf den Weg, sondern auch in ihr Leben danach. Denn: „Der Jakobsweg führt viel weiter als bis Santiago de Compostela. Er ist wie jener andere Weg, den wir beschreiten: das Leben." Über Santiago hinaus sollte er uns zu uns selbst – und zu den anderen – führen.

PILGERAUSWEIS UND WEBADRESSEN

Pilgerausweis: *Die „Credencial" ist für die Übernachtung in den speziellen Pilgerherbergen notwendig. Meist wird in Schlafsälen mit Etagenbetten geschlafen (Preis pro Übernachtung: Spende bis etwa 15 Euro).*

Die wichtigsten Webadressen:
www.haus-st-jakobus.de
www.jakobus-franken.de
www.jakobus-info.de
www.caminodesantiago.consumer.es
www.mundicamino.com
www.caminosnorte.org

MISA
🏠 18.00 H

Wohl dem, der die Wanderschuhe nach einer
anstrengenden Wegstrecke (hier vor dem Kloster
San Juan de Ortega in den Oca-Bergen) gegen
Sandalen austauschen kann

Infos

Authentisch und unverdorben

Das raue, atlantische Klima steht einer touristischen Karriere Galiciens erheblich im Weg. Zu Unrecht. Zwischen Mai und Oktober lassen sich hier herrliche Sommertage und laue Nächte verbringen. Selbst stürmische Tage haben ihren Reiz. Galicien bewahrt sich in weiten Teilen eine Authentizität, die andernorts längst unter Souvenirläden und Bettenburgen begraben liegt.

01 A CORUÑA

Die vielen weißumrahmten Glasveranden verleihen **A Coruña** (247 000 Einw.) den Beinamen „Ciudad de Cristal" („Stadt aus Glas"): Offen und lichtdurchflutet wirkt die von den Römern gegründete Hafenstadt.

Sehenswert

Auf einer Halbinsel ragt die **Altstadt** (Ciudad Vieja) in den Atlantik. Der von den Römern im 2. Jh. n. Ch. erbaute **Torre de Hércules** an ihrer Spitze ist der älteste noch aktive Leuchtturm der Welt. Als älteste Kirche der Stadt gilt die dem hl. Jakobus geweihte **Iglesia de Santiago** (12./13. Jh.). Das **Castillo de San Antón** an der Hafenmole stammt aus dem 16. Jh. (heute archäologisches Museum). Die meisten Tapas-

Tipp

Ein Teller voll Kraken

Viele spanische Pilger scheinen in Mélide in der Provinz A Coruña nur aus einem Grund Station zu machen: Um in der über die Grenzen Galiciens hinaus bekannten € **Pulpería Ezequiel** Kraken zu essen. „Pulpo a la feira", „Kraken nach Markt-Art", gekocht, mit grobem Meersalz und Paprika überstreut und auf derben Holztellern serviert, sind eine galicische Spezialität. Die rustikal-stimmungsvolle Pulpería liegt direkt am Jakobsweg.

Pulpería Ezequiel, Avenida Lugo 48, E-15800 Mélide, Tel. 981 50 52 91

Bars finden sich rund um die Plaza de María Pita und Plaza de España.

Museum

Im **Museo de Belas Artes** sind u.a. Werke von Goya zu sehen (Rúa Zalaeta s/n, Tel. 981 22 37 23, http://museobelasartescoruna.xunta. es, Di.–Fr. 10.00–20.00, Sa. 10.00–14.00, 16.30 bis 20.00, So. 10.00–14.00 Uhr).

Veranstaltung

In der Nacht des 23. Juni **Hogueras de San Juan**, Johannisfeuer am Strand, Hexenumzug und großes Feuerwerk.

Restaurant/Unterkunft

€€/€€€ **Restaurante Playa Club**, Andén de Riazor s/n, Tel. 981 25 71 28, www.playaclub.net/restaurante. Im hellen Strandlokal gibt es Fisch und Meeresfrüchte zu moderaten Preisen.
€ **Hotel Maycar**, C/ San Andrés 159, Tel. 981 22 60 00, www.hotelmaycar.com. Zentral und nahe dem Strand gelegenes, einfaches, aber wohnliches Hotel, 54 Zi.

Information

Punto de Información Turística, Plaza de María Pita 6, E-15001 A Coruña, Tel. 981 92 30 93, Feb.–Okt. Mo.–Fr. 9.00–20.30, Sa. 10.00–14.00, 16.00–20.00, So./Fei. 10.00–15.00 Uhr, Nov.–Jan. verkürzte Öffnungszeiten, www.coruna.es

02 LUGO

Der Charme **Lugos** (100 000 Einw.) offenbart sich innerhalb der römischen Stadtmauer. Verwinkelte Gassen und Plätze laden hier zu stimmungsvollen Streifzügen ein.

Sehenswert

Die 2266 m lange **Muralla Romana** (3./4. Jh.) ist die weltweit einzige vollständig erhaltene römische Befestigungsmauer. Gesellige Treffpunkte sind die Cafés an der Praza Maior mit dem **Rathaus** (18. Jh.) und dem **Musikpavillon** (19. Jh.). Ganz in der Nähe entstand ab 1129 die **Catedral de Santa María**. Das Nordportal gilt als schönstes Beispiel galicischer Romanik. Im Inneren birgt sie u.a. aufwändig geschnitzte riesige Retabeln und den Hauptaltar (1726–34) von Fernando Casas y Nóvoa, dem Erbauer der Fassade der Kathedrale von Santiago (tgl. 8.00–20.30 Uhr). Die gotische **Iglesia de San Francisco** war bis ins 19. Jh. Stiftskirche eines Franziskanerklosters (13. Jh.); heute ist es ein Teil des **Provinzmuseums** (Juli/Aug. Mo.–Fr. 11.00–14.00, 17.00–20.00, Sa. 10.00–14.00, Sept. bis Juni Mo.–Fr. 10.30–14.00, 16.30–20.30, Sa. 10.30–14.00, 16.30–20.00 Uhr).

In der Altstadt von Santiago de Compostela

Restaurant/Unterkunft

€€€/€€€€ **Restaurante El Verruga**, C/ Cruz 12, Tel. 982 22 95 72, www.verruga.es. Klassische galicische Küche in einem renommierten Traditionsrestaurant.
€ Entspannung wie bei den Römern verheißt das **Balneario de Lugo**, ein 3-Sterne-Hotel mit Thermalbad über den alten römischen Thermen. Barrio del Puente s/n, Tel. 982 22 12 28, www.balneariodelugo.com, 64 Zi.

Information

Oficina Municipal de Turismo, Praza do Campo 11, E-27002 Lugo, Tel. 982 25 16 58, tgl. 10.30–14.00, 16.30–20.00 Uhr, www.lugoturismo.com

03 SANTIAGO DE COMPOSTELA

Seit fast 1200 Jahren ist die Hauptstadt Galiciens **Santiago de Compostela** ▶ TOPZIEL (92 400 Einw.) Ziel für Abermillionen von Jakobspilgern.

Sehenswert

Die **Kathedrale** (11.–13. Jh.) mit der markanten Barockfassade (18. Jh.) muss auf jedes Erinnerungsfoto der Pilger. Die Glorienpforte (Pórtico de la Gloria, 1166–1188) ist ein Meisterwerk romanischer Bildhauerkunst. In der Krypta unter dem prächtigen Jakobusaltar ruhen die Gebeine des Apostels. Die Porta Santa (17. Jh., Figuren aus dem 12. Jh.) wird nur in Heiligen Jahren geöffnet (Kathedrale 7.00–21.00 Uhr). An besonderen Tagen kommt der 160 cm hohe Weihrauchkessel Botafumeiro zum Einsatz. Schräg gegenüber der Kathedrale beherbergt das von

Infos

den Königen Isabel und Fernando gestiftete **Hospital de los Reyes Católicos** (1509 als Pilgerherberge eröffnet) das angeblich älteste Hotel der Welt. Daneben tagen im **Pazo de Raxoi** (18. Jh.) das Rathaus und das galicische Parlament. Auf die Praza das Praterías öffnet sich das älteste romanische Portal der Kathedrale.

Museen

Das **Museo das Peregrinacións** widmet sich der Geschichte des Jakobsweges (Rúa de San Miguel 4, Tel. 981 58 15 58, Di.–Fr. 10.00–20.00, Sa. 10.30–13.30, 17.00–20.00, So. 10.30–13.30 Uhr, www.mdperegrinacions.com). Das **Centro Galego de Arte Contemporánea** stellt zeitgenössische und moderne Kunst aus (C/ Valle Inclán, Tel. 981 54 66 19, Di.–So. 11.00–20.00 Uhr, www.cgac.org).

Veranstaltungen

2. Julihälfte: **Santiago Apóstol**, große Feier zu Ehren von Jakobus, 24. Juli spektakuläres **Feuerwerk** bei der Kathedrale.

Restaurant/Unterkunft

€ **Casa Felisa**, Calle Porta da Pena 5, Tel. 981 58 26 02, www.casafelisa.es. Kleines Lokal mit lauschigem Garten nahe der Kathedrale. Dazu gehört ein Hostal mit 10 Zi.
€€€€ **Parador de Santiago de Compostela, Hostal de los Reyes Católicos**, Praza do Obradoiro 1, Tel. 981 58 22 00, www.parador.es. Das ehemalige Pilgerhospiz empfängt seine Gäste mit prächtigem Interieur, 122 Zi.

Tipp

Entspannung am Fluss

In **09** **Ourense** reihen sich am Nordufer des Miño mehrere Thermalbäder auf. Die Freiluftbecken der Pozas de Chavasqueira, der Pozas do Muíño das Veigas (Umkleidekabinen) und der Pozas Outariz (Umkleidekabinen) sind gratis, die im japanischen Stil gehaltenen Badehäuser Termas de Outariz (Bild oben) und Termas de Chavasqueira verlangen Eintritt.

€ **Hostal Suso**, Rua do Vilar 65, Tel. 981 58 66 11. Sehr gepflegt, fünf Minuten von der Kathedrale entfernt, 9 Zi.

Information

Sede de Turismo de Santiago, Rúa do Vilar 63, E-15705 Santiago de Compostela, Tel. 981 55 51 29, tgl. 9.00–14.00, 16.00–19.00, Ostern, Sommer tgl. 9.00–21.00 Uhr, www.santiagoturismo.com

04 – **07** COSTA DA MORTE

Schroffe Klippenlandschaften, authentische Fischerdörfer und traumhafte Sandstrände bilden die Attraktionen der Costa da Morte. Die gefährlichen Gewässer davor bescherten ihr den Namen Todesküste.

Sehenswert

Das eng mit dem Jakobskult verbundene Kirchlein Virxe da Barca (18. Jh.) in **04** **Muxía** (1600 Einw.) trotzt in einmaliger Lage dem Atlantik. Den Granitfelsen Pedras Santas davor werden magische Kräfte nachgesagt. Am Leuchtturm von **05** **Finisterre** (3000 Einw.) verbrennen manche Jakobspilger als Abschluss der Wanderung bei Sonnenuntergang Kleidungsstücke. In der Iglesia de Santa María das Areas (12. Jh.) wird der Santo Cristo de Finisterre (14. Jh.) verehrt. Fast wie karibisch mutet die geschwungene Bucht Praia da Langosteira an. In traditioneller Granitbauweise mit weißen Glasvorbauten ist das Fischerstädtchen **06** **Corcubión** (1600 Einw.) gehalten. Kilometerlang ist der weiße Sandstrand Praia de Carnota. Das seichte Wasser der Flussmündung erreicht sogar gute Badetemperaturen (bei Gezeitenwechsel starke Strömung!). Im kleinen Fischerort **07** **Muros** (2000 Einw.) verkaufen nachmittags lokale Fischer im Hafen ihre Waren.

Tradition

Die Costa da Morte ist berühmt für Klöppelarbeiten (Encaje de Bolillos). In Camariñas gibt das **Museo do Encaixe** Einblick in das Handwerk (www.camarinas.net).

Veranstaltungen

Mitte Sept. **Romería de la Barca**, größte Wallfahrt Galiciens in Muxía. Aufwändig inszenierte **Passionsspiele** zu Ostern in Finisterre.

Unterkunft

€€ **Hotel O Semáforo**, Faro de Finisterre, E-15155 Finisterre, Tel. 981 72 58 69, www.osemaforo.com. Direkt auf dem Kap Finisterre gelegen, ist das im alten Seewachthäuschen untergebrachte Mini-Hotel vielleicht das außergewöhnlichste Nordspaniens, 5 Zi.

Schönes Handwerk: Klöppeln in Camariñas

€ **Apartamentos Turísticos M. Rey**, Crta. do Faro 9, E-15250 Louro/Muros, Tel. 981 85 62 38. Recht einfache Ferienwohnungen (2–5 Plätze) auf einer Landspitze außerhalb des Dorfes, direkt neben einem kleinen Sandstrand – ideal für Familien mit Kindern, 6 Ap.

Information

Oficina de Turismo, Rúa Real 2, E-15155 Fisterra, Tel. 981 74 07 81, ganzjährig, flexible Öffnungszeiten, www.concellofisterra.com.

08 PONTEVEDRA

Der Legende nach gründete der Grieche Teukros nach dem Tod seines Bruders, dem trojanischen Helden Ajax, Pontevedra (80 000 Einw.). Tatsächlich erschlossen die Römer die Stadt über dem Río Lérez, ihre Altstadt zählt zu den schönsten Galiciens.

Sehenswert/Museum

Als bedeutendstes religiöses Gebäude gilt die spätgotische **Real Basílica de Santa María a Maior** (16. Jh.). In dem barocken Kirchlein **Capela da Virxe Peregrina** (18. Jh.) wird die Schutzpatronin der Stadt, die Pilger-Jungfrau, verehrt. Der Grundriss ist einer Jakobsmuschel nachempfunden.
Das **Museo Provincia** zählt zu den besten Provinzmuseen Spaniens (Gemälde von Goya und El Greco, keltische Goldschmiedearbeiten, Schiffsmodelle; C/ Pasantería 2-12, Tel. 986 85 14 55, Juni–Sept. Di.–Sa. 10.00–14.00, 16.30 bis 20.30, Okt.–Mai 16.00–19.00, So./Fei. 11.00 bis 14.00 Uhr, www.museo.depo.es).

Restaurant/Unterkunft

€€ **Rianxo**, Praza da Leña 6, Tel. 986 85 52 11. Tapas und traditionelle Küche an einem der schönsten Plätze der Stadt.
€€€ **Novalia Ecoturismo–Winehotel**, E-36637 Santo Tomé Nogueira/Meis, Tel. 986 71 69 54,

www.novavilariasbaixas.com. Elegantes Landhotel zwischen minimalistischer Moderne und gemütlicher Tradition. Entspannung versprechen die Weintherapie und therapeutische Massagen, 6 Zi.

Information

Centro de Recepción de Visitantes,
Plaza de la Verdura, E-36002 Pontevedra, Tel.
986 108 138. Tgl. 10.00–14.30 und 16.30 bis
20.30 Uhr (Juli/Aug. 17.00–21.00 Uhr)

09 OURENSE

Das von den Römern am Ufer des Miño geschürfte Gold gab der Stadt (108 400 Einw.) den Namen: Aurium. Ein echter Schatz im kühlfeuchten Klima sind die heißen Thermalquellen.

Sehenswert

Aus der Blütezeit als Bischofssitz stammt die **Catedral de San Martiño** (12./13. Jh.; tgl. 7.45 bis 13.30, 16.30–20.30 Uhr). Der höchste Punkt der mächtigen **Puente Romano** (Römerbrücke) liegt 38 m über dem Río Miño.

Umgebung

Im Osten erstreckt sich zwischen den Flüssen Miño und Sil die wild-romantische Naturlandschaft und das Weinbaugebiet **Ribeira Sacra**. Spektakulär ist der bis zu 300 m tiefe und 35 km lange Cañón del Sil.

Information

Oficina de Turismo, Isabel a Católica 1,
E-32005 Ourense, Tel. 988 366 064. Mo. bis
Fr. 9.00–14.00 und 15.00–20.00, Sa./So./Fei.
11.00–14.00 Uhr. www.turismodeourense.es.

10 VIGO

Die größte Stadt Galiciens (300 000 EW) ist der wichtigste Fischereihafen Spaniens.

Sehenswert

Gegenüber der Estación Marítima beginnt die **Altstadt** mit den kulinarischen Hotspots C/ Laxe (Krakenrestaurants) und der Markthalle Mercado da Pedra. An der neoklassizistischen **Concatredral de Santa María** (19. Jh.) vorbei gelangt man zur **Porta do Sol** mit der originellen Skulptur El Sireno.

Information

Oficina de Turismo de „A Pedra", C/ Teófilo
Llorente 5, E-36202 Vigo, Tel. 986 22 47 57,
Juli–Sept. tgl. 10.00–14.00, 16.00–19.00, sonst
Mo.–Sa. 10.00–14.00, 16.00–19.30 Uhr,
www.turismodevigo.org

Ab auf die Inseln

„Inseln der Götter" nannte Plinius der Ältere die atlantischen Inseln vor den Rías von Arousa, Pontevedra und Vigo. Jules Verne ließ in „2000 Meilen unter dem Meer" seinen Kapitän Nemo hier vor Anker gehen. Während sie früher wilden Piraten Schutz boten, geht es heutzutage auf diesen Archipelen ganz friedlich zu.

Noch bis ins 20. Jahrhundert lebten Fischer, Bauern und der eine oder andere Eremit auf den Inseln. Seit dem Jahr 2002 stehen die „**Islas Atlánticas**" ▶TOPZIEL und die Unterwasserwelt ringsherum als Nationalpark unter Naturschutz. Dem offenen Meer zeigen sie ein fast abweisendes Gesicht mit nacktem Fels und schroffen Klippen. An den geschützten Ostseiten haben sich Kiefernwälder, Dünenlandschaften und fast karibisch wirkende Sandstrände gebildet.

... ein Leuchtturm: Archipiélago de Ons

Die beiden Inselgruppen Ciés und Ons laden mit kurzen Fußwegen zu Erkundungstouren ein, der

Schroffe Felsen am Atlantik und ...

Besuch der kleineren Inseln Sálvora und Cortegada ist streng reglementiert. Das Klima auf den Archipelen ist deutlich trockener und milder als auf dem Festland.

Für Schnorchler ein wahres Paradies sind die klaren, artenreichen Gewässer rund um die Inseln. Dank zweier Campingplätze kann man den Rat, den Kapitän Nemo seinem Gast, Professor Aronnax, gab, beherzigen: „Ich habe Sie hierher gebracht, nun liegt es ganz an Ihnen, in die hier verborgenen Geheimnisse einzudringen."

FÄHREN & INTERNET

Fähren: Nach Ons (200 Besucher/ Tag) von Portonovo, Sanxenxo, Marín und Bueu aus, auf die Illas Ciés (2200 Besucher/Tag) von Cangas, Vigo und Baiona (ca.

Juni–Okt., Überfahrt nur bei gutem Wetter;
www.isladeons.net,
www.islasdeons.com,
www.mardeons.com

Service

ANREISE

Flugzeug Internationale Flughäfen: Bilbao (Air Berlin, www.airberlin.com, Easyjet, www.easyjet.com), Asturias (14 km ab Avilés; Air Berlin; mit Easyjet ab Genf), Santander (Ryanair ab Düsseldorf und Frankfurt Hahn, www.ryanair.com) und Santiago de Compostela (Air Berlin, Ryanair ab Frankfurt Hahn). Die Lufthansa (www.lufthansa.de) bietet Linienflüge nach Bilbao, Asturias und Santiago de Compostela an. Logroño, Pamplona, A Coruña und Vigo bedienen vorwiegend Inlandflüge. Flugverbindungen und Preisvergleich u.a. unter www.billigfluege.de oder www.flug.de. Homepage der spanischen Flughäfen: www.aena.es.

Bahn Über Irun gelangen Bahnfahrer nach Nordwestspanien. Von Deutschland führt die Reise nach Paris, dort wechselt man per Taxi oder Metro zum Bahnhof Montparnasse. Information: http://reiseauskunft.bahn.de.
Von Berlin-Wannsee, Düsseldorf, Frankfurt/Neu Isenburg, Hamburg-Altona und Hildesheim fahren Autozüge nach Narbonne/Frankreich, nahe der ostspanischen Grenze. Information: http://www.dbautozug.de.

Bus Eurolines Germany (Information/Buchung: www.touring.de) und die spanische Busgesellschaft Alsa (www.alsa.es) unterhalten Buslinien zwischen Deutschland und Spanien. Fahrtzeit: Hamburg-Bilbao ca. 24 Stunden.

Auto Für die Anreise mit dem eigenen PKW sollten zwei Tage veranschlagt werden. Die reine Fahrtzeit von Frankfurt am Main nach Irun (rund 1300 km) beträgt mindestens zwölf Stunden. Von Norddeutschland aus bietet sich die Route über Paris nach Bordeaux an, von dort entlang der Küste zur spanischen Grenze bei Irun. Vom Süden Deutschlands sowie der Schweiz und Österreich fährt man über Lyon, Montpellier, Toulouse, von dort entlang der nördlichen Pyrenäen über Pau und Bayonne nach Irun. Eine günstigere, aber zeitaufwendigere Variante zu den gebührenpflichtigen Autobahnen sind die meist parallel verlaufenden Schnellstraßen (Routes Nacionales).

AUSKUNFT

Internet: www.spain.info (spanisches Fremdenverkehrsamt, Deutsch)
Baskenland: www.turismoa.euskadi.net
La Rioja: www.lariojaturismo.com
Kantabrien: www.turismodecantabria.com
Asturien: www.infoasturias.com, www.asturias.es (Webseite der asturischen Regierung)
Galicien: www.turgalicia.es
Spanische Fremdenverkehrsämter:
Deutschland: Kurfürstendamm 63, 10707 Berlin, Tel. 030 88 26 54 3, berlin@tourspain.es

Grafenbergerallee 100, 40237 Düsseldorf, Tel. 0211 680 39 80, dusseldorf@tourspain.es
Myliusstr. 14, 60323 Frankfurt am Main, Tel. 069 72 50 33, frankfurt@tourspain.es
Schubertstr. 10, 80336 München, Tel. 089 530 74 60, munich@tourspain.es
Österreich: Walfischgasse 8, A-1010 Wien, Tel. 0043 1 512 95 80, viena@tourspain.es
Schweiz: Seefeldstr. 19, CH-8008 Zürich, Tel. 0041 44 253 60 50, zurich@tourspain.es

AUTOFAHREN

Wer in Spanien Autofahren möchte, muss mindestens 18 Jahre alt sein und einen gültigen Führerschein besitzen. Reisende aus nicht EU-Ländern benötigen einen internationalen Führerschein. Die Benzinpreise liegen in der Regel etwas unter dem deutschen Niveau.

Autovermietung Voraussetzung für das Anmieten eines PKW oder Motorrads ab 125 ccm sind ein Mindestalter von 21 Jahren (je nach Anbieter auch älter), ein gültiger, mindestens ein bis zwei Jahre alter Führerschein, ein gültiges Ausweisdokument (Personalausweis, Reisepass) sowie eine Kreditkarte. Ein Kleinwagen ist für rund 50 Euro pro Tag zu haben, die Wo-

Reisedaten

Nordspanien

Flug von Deutschland (hin und zurück)
Frankfurt – Bilbao ab 110 €, Santiago de Compostela ab 190 € (Ryanair auch ab 40 €)
Inlandsverkehr
Bus 100 km ab 7–14 €
Reisepapiere
Personalausweis oder Reisepass
Devisen
Euro
Mietwagen
Ab 190 €/Woche
(Nebensaison ab 140 €/Woche)
Benzin
Super Bleifrei (95 Octan) ca. 1,15 €
Hotel
Mittelklasse ab DZ 80 €, gehobene Klasse ab 190 €
Pension/Hostal
ab 30 €
Abendmenü à la Carte
ab 18–20 €
Tagesmenü
ab 8–15 €
Uhrzeit
MEZ/MESZ

chenpreise beginnen ab 140 Euro (unbegrenzt Kilometer, Versicherung, Steuer und Pannenservice). Meist ist es günstiger, vorab zu reservieren. In der Osterwoche sowie Juli/August steigen die Preise, dafür gibt es in der restlichen Zeit oft Sonderangebote.

Verkehrsbestimmungen Geschwindigkeits- und Verkehrskontrollen sind inzwischen relativ häufig. Die Strafen für Verkehrsvergehen wie zu schnelles Fahren, Überschreiten der Promillegrenze (0,5 Promille. Berufsfahrer und Fahranfänger in den ersten zwei Jahren: 0,3 Promille), Handybenutzung (ohne Freisprechanlage) während des Fahrens oder Missachten der Anschnallpflicht (auf allen Plätzen) sind empfindlich hoch. Kleinkinder bis 3 Jahre benötigen einen dem Alter und Gewicht entsprechenden Kindersitz. Meist muss direkt vor Ort bezahlt werden, im Extremfall kann das Auto beschlagnahmt werden. Folgende Höchstgeschwindigkeiten gelten: geschlossene Ortschaften 50 km/h, Landstraßen 90–100 km/h, auf Autobahnen (autopista) und vierspurigen Schnellstraßen (autovía) 120 km/h. Im Pannenfall darf das Fahrzeug nur mit reflektierender Sicherheitsweste verlassen werden, das Abschleppen durch Privatfahrzeuge ist verboten. Für Fahrräder und motorisierte Zweiräder besteht die Helmpflicht.

Mautgebühren Mit „peaje/toll" gekennzeichnete Autobahnen sind gebührenpflichtig, etwa Irun–Bilbao, Bilbao–Logroño und Abschnitte der Strecke San Sebastián–Pamplona/Zaragoza. Bezahlt wird bar oder mit Kreditkarte (tarjeta). Die mit einem weißen stilisierten „T" im weißen Kreis auf blauem Schild markierten Zahlbuchten sind Fahrzeugen mit einem funkgesteuerten Abrechnungssystem vorbehalten (stilisiertes „T" im Quadrat: Bezahlung per Funk und manuell).

Parken Eine gelbe Straßenmarkierung bedeutet absolutes Parkverbot, blau kennzeichnet Parkzonen mit eingeschränkter Parkdauer. Der Parkschein wird am Automaten gelöst und sichtbar im Auto hinterlegt. In Parkhäusern und bei kostenpflichtigen Parkplätzen („parking/aparcamiento") wird die Parkdauer minutengenau und nicht mehr in pauschalen Stundenblöcken berechnet. Wertgegenstände nicht im Fahrzeug liegen lassen, Radio/CD-Player besser mitnehmen.

ESSEN UND TRINKEN

Die spanischen Essenszeiten sorgen bei Touristen oft für Verdruss. Sie weichen von mitteleuropäischen Essgewohnheiten ab und werden strikt eingehalten. Zwischen 8.00 und 10.00 Uhr: einfaches Frühstück (desayuno; Kaffee, Gebäck, Toast). Gegen 10.00/11.00 Uhr ev.

Prozession während der Heiligen Woche, Semana Santa, vor der Kathedrale in Bilbao

kleiner Imbiss (almuerzo). Von 13.00 bis 15.30/16.00 Uhr: Mittagessen (comida); viele Restaurants bieten dreigängige Tagesmenüs (menú del día) mit gutem Preisleistungsverhältnis. 21.00 bis 23.00 Uhr: Abendessen (cena). Außerhalb dieser Zeiten gibt es meist nur (kalte) Kleinigkeiten (pintxos, tapas), in Cafeterías oder Cervecerías auch einfache Tellergerichte (platos combinados).

Speisen Die Gastronomie Nordspaniens ist vom Meer und vom fruchtbaren Hinterland geprägt. Regionale Spezialitäten im Baskenland: *Marmitako* (Eintopf mit Thunfisch, bzw. dem verwandten Bonito), *Chipirones en su tinta* (Tintenfisch in eigener Tinte), *Bacalao al Pil Pil* (Kabeljau/Stockfisch in Öl-Knoblauchsoße) und *Pintxos* (kleine Häppchen). La Rioja: *Lammgerichte* (cordero), *Patatas* oder *Lentejas a la Riojana* (Kartoffel-, bzw. Linseneintopf mit Paprikawurst). Kantabrien: *Sorroptún* (Thunfischeintopf), *Anchoas* (eingelegte Sardellen), *Quesos* (Käse aller Art), *Cocido Montañés* (deftiger Eintopf), *Quesada Pasiega* (eine Art Käsekuchen). Asturien: *Fabada* (Bohneneintopf), *Queso de Cabrales* (Edelschimmelkäse), *Patatas al Cabrales* (Kartoffeln mit Soße aus Cabrales-Käse). Galicien: Natürlich Muscheln und Meeresfrüchte wie *Nécora* (Krebs), *Almejas* (Venusmuscheln), *Navajas* (Schwertmuschel), *Percebes* (Entenmuscheln), aber auch *Tetilla* (milder Käse in Form einer Brust) und *Empanada* (mit Fleisch oder Fisch oder Meeresfrüchten gefüllte Teigfladen).

Getränke Neben den Rotweinen der Rioja hat Nordspanien noch viel mehr zu bieten. Basken trinken zum Pintxo gerne den spritzig-frischen baskischen Weißwein Txakoli. Sidra (Apfelmost) ist das heimliche Nationalgetränk im Baskenland, in Navarra und Asturien. Damit er für kurze Zeit Kohlensäure freisetzt, wird er im hohen Bogen ins Glas gegossen, im Baskenland direkt aus dem Fass, in Asturien und Navarra aus der Flasche. Exzellente Rotweine kommen aus den Anbaugebieten Ribera del Duero (Castilla y León, entlang des Río Duero) und El Bierzo (Provinz León, Grenze zu Galicien). Zu den besten Weißweinen der Welt zählen die galicischen Albariños, ebenfalls süffig sind die Ribeiros und die der Ribeira Sacra. In Kantabrien (um Potes) und Galicien (wichtigstes Erzeugerzentrum Portomarín am Jakobsweg) wird Orujo (Tresterschnaps) gebrannt. Er bildet die unentbehrliche Grundlage für eine echte Queimada, die galicische Version einer hochprozentigen Feuerzangenbowle, die mit allerlei Ritualen und Beschwörungsformeln zubereitet wird.

FEIERTAGE UND FESTE

Gesetzliche nationale Feiertage 1. Jan., 6. Jan. (Reyes Magos – Dreikönige), Karfreitag, 1. Mai, 15. Aug. Mariähimmelfahrt, 12. Okt. (Día de la Hispanidad – Entdeckung Amerikas, auch Puente del Pilar, Nationalfeiertag), 6. Dez. (Día de la Constitución – Verfassungstag), 8. Dez. (Inmaculada Concepción – Mariä Empfängnis), 25. Dez. (Día de Navidad – Weihnachten).

Lokale Fiestas Fast jeder Ort hat mindestens eine bedeutende Fiesta mit ganz eigenen Bräuchen. Besonders pittoresk sind folgende: 1. So. im Jan.: Winteraustreibung (La Vijanera) in Silió (Cantabria). Karneval (O Entroido) in der Provinz Ourense (Galicien). Karwoche: In allen Ortschaften Prozessionen mit aufwändig gestalteten Heiligenthronen (Pasos). In San Vicente de la Sonsierra (La Rioja) findet an Gründonnerstag und Karfreitag die Prozession der Selbstgeißler (Los Picaos) statt, Passionsspiele gibt es in Balmaseda (Baskenland) und Finisterre (Galicien). 29. Juni: Weinschlacht (Batalla del Vino) in Haro (La Rioja). 6.-14. Juli: Sanfermines in Pamplona (Navarra). 16. Juli: In den meisten Küstenorten Meeresprozessionen mit geschmückten Fischerbooten zu Ehren der Virgen del Carmen (Schutzpatronin der Fischer). 25. Juli: Jakobustag, große Patronatsfeier in Santiago de Compostela und anderen Orten. Mitte August: Semana Grande (große Festwoche) in San Sebastián und Bilbao, viele hochkarätige Gratisveranstaltungen. Erste beide Septemberwochen: Euskal Jaiak (baskisches Folklorefest) in San Sebastián. 21. Sept.: Fest zum Beginn der Weinlese (Vendimia) in Logroño.

GESUNDHEIT

Zu den Reisedokumenten gehört die europäische Krankenversicherungskarte. Im Krankheitsfall sind die Gesundheitszentren (Centro de Salud, in größeren Orten mit 24-Stunden-Notaufnahme, Urgencias) oder Krankenhäuser (Hospital, Clínica) zuständig. Fast in jeder Ortschaft gibt es eine oder mehrere Apotheken. Diese sind gut sortiert und die Preise dort oft günstiger als in Deutschland.

HOTELS

Hotelempfehlungen stehen im Info-Teil der jeweiligen Kapitel. Viele Hotels bieten außerhalb der Saison günstige Sparpakte an.

Preiskategorien

€€€€	Doppelzimmer	über 250 €
€€€	Doppelzimmer	150–250 €
€€	Doppelzimmer	100–150 €
€	Doppelzimmer	50–100 €

JAKOBSWEG

Der Pilgerausweis („Credencial") berechtigt Fußpilger zur Übernachtung in den speziellen Pilgerherbergen. Auf dem Camino Francés ist ihr Netz sehr dicht, die Standards reichen von schlicht bis komfortabel. Meist wird in Schlafsälen mit Etagenbetten geschlafen. Der Preis pro Übernachtung liegt zwischen einer Spende und etwa 15 Euro. Der Nordweg hinkt sowohl was die Quantität als auch was die Qualität der Herbergen angeht noch etwas hinterher.

Service

Geschichte

Vor 1,2 Mio.–800 000 v. Chr. In Atapuerca (Provinz Burgos) leben die „ersten Europäer"
20 000–11 000 v. Chr. Die Höhlenmalereien von Altamira entstehen
11.–8. Jh. v. Chr. Phöniker und Griechen siedeln in Südspanien
ab 900 v. Chr. Von Frankreich kommende Kelten vermischen sich mit den Iberern zu den Keltiberern
201 v. Chr.–ca. 476 n. Chr. Römische Herrschaft im heutigen Spanien
418–711 n. Chr. Herrschaft der Westgoten (Toledo Hauptstadt)
711 Von Gibraltar aus erobern die Mauren rasch weite Teile der iberischen Halbinsel
722 Schlacht von Covadonga (Asturien), Sieg des Westgoten Pelayos über das arabische Heer, Beginn der Reconquista (Rückeroberung der arabisch besetzten Gebiete)
778 Karl der Große unterliegt in Roncesvalles den Basken; im Heldenepos „Rolandslied" als Kampf gegen Araber dargestellt
um 813 Entdeckung der Gebeine des Apostels Jakobus
844 Schlacht von Clavijo (La Rioja), Entstehung des Mythos von Santiago dem Maurentöter (Santiago Matamoros)
925 Fusion der beiden Königreiche Asturien und León
997 Der maurische Feldherr Almansor überfällt Santiago de Compostela und bringt die Glocken der Kathedrale nach Córdoba
1236 Nach christlicher Eroberung Córdobas kehren die Glocken nach Santiago zurück
1492 Eroberung Granadas durch die Katholischen Könige Isabel und Fernando, Ende der Reconquista. Ausweisung der Juden aus Spanien. Christoph Kolumbus „entdeckt" Amerika für die spanische Krone.
16. Jh. Spaniens Goldenes Zeitalter (Siglo de Oro), größte Ausdehnung des spanischen Kolonialreichs unter dem Habsburger Karl I. (seit 1516 König von Kastilien;
ab 1519 deutscher Kaiser Karl V.), nach der Abdankung (1556) und dem Tod seines Sohnes Philipp II. (1558) Beginn des Niedergangs des Weltreichs

1588 Untergang der spanischen Armada
1589 Die Jakobusreliquien werden vor dem englischen Freibeuter Sir Francis Drake versteckt (und der Lagerort vergessen)
1598–1602 Pestepidemie
1609 Ausweisung der letzten Araber (Moriscos)
1701–14 Spanischer Erbfolgekrieg; Habsburger unterliegen den Bourbonen
1807–14 Kampf gegen die Napoleonische Herrschaft in Spanien
1879 Die Gebeine des Jakobus werden wieder gefunden
1898 Verlust letzter spanischer Kolonien
Ende 19./Anfang 20. Jh. Viele Nordspanier wandern nach Südamerika aus; reich gewordene Rückkehrer (Indianos) investieren in ihrer Heimat; Zeit der Indiano-Architektur (Llanes, Comillas)
1936–39 Spanischer Bürgerkrieg. 1937 zerstört die deutsche Legion Condor Gernika (Baskenland)
1939–75 Franco-Diktatur; bis Ende 1950er-Jahre wirtschaftliche Rückständigkeit, 1959 Gründung der ETA als Freiheitsbewegung
1975–82 Nach Tod Francos „Transición", friedlicher Übergang zur Demokratie, Einrichtung der parlamentarischen Monarchie unter König Juan Carlos.
1977 Erste demokratische Wahlen seit 1936
1978 Erste demokratische Verfassung
1982 Erstes Heiliges Jakobusjahr nach der Diktatur; Johannes Paul II. besucht als erster Papst das Apostelgrab; Wiederaufleben des Jakobsweges
1986 Beitritt Spanien zur EU
1992 Olympische Spiele in Barcelona
1993 Jakobsweg UNESCO-Weltkulturerbe
1997 Eröffnung des Guggenheim-Museums in Bilbao
2002 Ölpest vor Galicien nach Untergang des Öltankers Prestige
2004 Anschläge der Al-Qaida auf Madrider Vorortszüge
2008 Spanien Fußballeuropameister
2010 Letztes Heiliges Jahr von Santiago de Compostela bis zum Jahr 2021

Souvenir, Souvenir: Holzschuhe aus Kantabrien

Informationen zum Weg gibt unter anderem die Schwäbische Jakobusgesellschaft, www.haus-st-jakobus.de. Stiftung Haus St. Jakobus, Tel. 0730591 9575, Fax 07305 9195 76, Kapellenberg 58–60, D-89610 Oberdischingen.
Immer beliebter wird das „Pilgern" per Fahrrad, allerdings nicht zur reinen Freude der Fußpilger, da es nicht sehr angenehm und wenig besinnlich ist, ständig herannahenden Radfahrern ausweichen zu müssen. Bei korrekter Auslegung der Herbergsregeln haben Fußpilger den Vorrang, Radpilger sollten erst ab etwa 17.00 Uhr Aufnahme finden.
Ein besonderes Paket für „Genusspilger" hat das galicische Fremdenverkehrsamt unter dem Namen „Bono Iacobus" für die galicischen Wegabschnitte geschnürt. Es beinhaltet die kostengünstige Übernachtung in kleinen Landunterkünften, Verpflegung und auf Wunsch den PKW-Transfer zum Etappenbeginn. Info: www.bono-iacobus.de.

ÖFFENTLICHE VERKEHRSMITTEL

Zug Alle größeren Städte sind von Madrid aus mit dem Zug erreichbar. Entlang der Küste und des Jakobsweges bestehen gute Zugverbindungen mit der Schmalspurbahn Feve. Information: www.renfe.es (Homepage der spanischen Bahngesellschaft; nicht sehr benutzerfreundlich), www.feve.es (Schmalspurbahn). Im Baskenland verkehrt die baskische Bahngesellschaft Euskotren (www.euskotren.es).
Bus Zwischen allen größeren Städten verkehren regelmäßig Linienbusse. Kleinere Ortschaften werden meist mit geringerer Frequenz bedient. Information zu überregionalem Busverkehr: www.alsa.es oder www.bilmanbus.es.

ÖFFNUNGSZEITEN

Bank 9.00–13.30 Uhr
Post In größeren Ortschaften Mo.–Fr. durchgehend 8.30–20.30 (kleine Filialen nur 8.30 bis 14.30), Sa. 9.30–13.00 Uhr
Geschäfte Übliche Geschäftszeiten sind 9.30–13.30 und 16.30–20.00 Uhr. Größere Supermärkte und Einkaufszentren haben meist durchgehend bis 21.00/22.00 Uhr geöffnet.
Museen Viele Museen sind Mo. geschlossen.

NOTRUF

In Notfall gilt die internationale Notrufnummer 112 (Polizei, Krankenwagen und Feuerwehr: 112, in touristischen Gebieten Betreuung auch auf Englisch, Französisch und Deutsch).

REISEZEIT

Ideal für Städte- und Kulturreisen, Wander- oder Radtouren sind das Frühjahr und der Herbst. Die Sommer (etwa Juli–Mitte Sept.) sind im Inland, etwa entlang des Jakobsweges, extrem heiß. Viele flüchten sich dann an die kühleren Küsten. Traditionell verreisen Spanier in der Osterwoche, im August sowie an „Brückentagen" um Feiertage. Volle Straßen (und entsprechend viele Verkehrsunfälle!), Unterkünfte, Restaurants und Strände sind die leidigen Nebenwirkungen. Die Winter entlang der Küste sind regnerisch, im Inland bitter kalt. In den Skigebieten heißt es dann: Ski und Rodel gut.

RESTAURANTS

Restaurantempfehlungen stehen im Infoteil der jeweiligen Kapitel.

Preiskategorien

€€€€	Menü	über 30 €
€€€	Menü	20–30 €
€€	Menü	10–20 €
€	Menü	bis 10 €

SANFTER TOURISMUS

Der Norden Spaniens ist ideal für naturverbundenes Reisen fernab von Hotelburgen und Apartmentanlagen. Der Begriff „Turismo Rural" (Landtourismus) steht für charmante Unterkünfte in liebevoll renovierten Bauernhöfen, Land- oder Altstadthäusern. Die umfassendste Information mit Kundenbewertungen bietet http://de.toprural.com. Ländliche Unterkünfte, die sich umweltschonendem Tourismus verschrieben haben, findet man auf www.ecotur.es

SOUVENIRS

Eine echte Baskenmütze (Boina) ersteht man natürlich im Baskenland. Kleine lederne Weinbeutel (Bota de Vino) sind typisch für die Rioja. In Kantabrien und Asturien werden handgeschnitzte Holzschuhe (Zuecos) hergestellt, die zum Teil auch heute noch von der Landbevölkerung getragen werden. Galiciens Costa da Morte ist berühmt für feine Klöppelspitzen (Encaje de Bolillos). In Santiago de Compostela kauft man Schmuck aus Silber und schwarzem Achat-Stein.

SPORT

Wandern/Radfahren Nordspanien und besonders das Baskenland verfügen über ein dichtes Netz an sehr gut markierten Wanderwegen. Neben den Weitwanderwegen (Kürzel GR rotweiß gekennzeichnet) und Tagestouren (PR, gelb-weiß) gibt es lokale Wege mit eigener Markierung. Informationen geben die jeweiligen Fremdenverkehrsämter.

Wassersport: Surfen bzw. Wellenreiten ist an der ganzen Nordküste beliebt. Gute Bedingungen herrschen vor San Sebastián, Zarautz und Mundaka (Baskenland) sowie vor Somo (gegenüber Santander, Kantabrien). Paddeln im Kajak

Landesnatur Auf den rund 700 km zwischen der französischen Grenze bei Irun (Baskenland) und dem Kap Finisterre in Galicien zeigt der Norden Spaniens ganz unterschiedliche Gesichter. An der grünen Atlantikküste sorgen schroffe Klippen, lange Sandstrände und die weit ins Land reichenden Rías in Galicien für Abwechslung. Wenige Kilometer hinter der Küste bauen sich die kantabrischen Kordilleren als Barriere zum Süden auf. Das markanteste und höchste Massiv des Gebirgszugs sind die über 2600 m hohen Picos de Europa. Südlich davon beginnt in Castilla y León die zentralspanische Hochebene. Das Klima nördlich der Kordilleren und in Galicien ist bei ganzjährig gemäßigten Temperaturen eher feucht und kühl. Navarra, die Rioja und Castilla y León sind kontinental geprägt, die Sommer sind heiß und trocken, die Winter bitterkalt.

Bevölkerung Das Baskenland (2,2 Mio. Einw.) und Navarra (620 400 Einw.) sind mit je rund 28 000 € pro Kopf und Jahr – hinter Madrid – die einkommensstärksten Regionen Spaniens. Industrie und Dienstleistung sind hier wichtige Wirtschaftsfaktoren. Das von der Landwirtschaft und dem Fischfang abhängige Galicien (2,8 Mio. EW) rangiert mit 18 500 € Pro-Kopf-Einkommen am unteren Ende der Skala. Dazwischen liegen Asturien (1,1 Mio. Einw./20 000 €), Castilla y León (2,6 Mio. Einw./21 000 €), Kantabrien (582 138 Einw./22 000 €) und La Rioja (317 500 Einw./24 000 €). Die Bevölkerungsdichte des Nordens reicht von 298 EW/km^2 im Baskenland (Provinz Álava 102 Einw./km^2 – Provinz Biskaya 517 EW/km^2) über 94 EW/km^2 in Galicien (Provinz Lugo 36 EW/km^2 – Provinz Pontevedra 212 EW/km^2) zu 27 EW/km^2 in Castilla y León (Provinz Soria 9 EW/km^2 – Provinz Valladolid 65 EW/km^2). Die höchsten Ausländeranteile haben die Rioja (13,8 %) und Navarra (10,5 %), die geringsten Galicien (3,4 %) und Asturien (3,8 %). (Baskenland: 5,4 %, Kantabrien: 5,7 %, Castilla y León: 6,1 %). Zum Vergleich: Spanien: 46,6 Mio. EW, Fläche: 505 991 km^2; Bevölkerungsdichte: 91 EW/km^2, Ausländeranteil: 12 % (5,6 Mio.).

Die Mehrheit (rund 90 %) der Spanier ist katholisch getauft, allerdings übt nur rund ein Drittel den Glauben aktiv aus. Die restlichen 10 % entfallen auf Muslime, Juden, Protestanten und andere Religionen.

Küchenschlachtgewinner: die Köche des Restaurants Echaurren in Ezcaray (La Rioja)

Service

oder Kanu ist auf dem Río Sella zwischen Arriondas und Ribadesella (Asturien) angesagt. Jeweils Anfang August startet dort die große internationale Kajakabfahrt.

Schwimmen Die meisten Strände werden nur im Sommer von Rettungsschwimmern bewacht (Uhrzeiten auf Informationstafeln vermerkt). Beachten sollte man die Warnflaggen: grün (Baden ungefährlich), gelb (Vorsicht ist angesagt), rot (Baden verboten).

Gleitschirmfliegen Der Monte Ulia bei San Sebastián, der Talaimendi-Hang bei Zarautz und das Küstengebiet Sopalena bei Getxo sind beliebte Treffpunkte für Gleitschirmflieger.

Golf Golfplätze finden sich an der ganzen Küste.

Wintersport: Skigebiete gibt es in den Pyrenäen, bei Alto Campoo (Kantabrien) und bei Valdezcaray (La Rioja).

SPRACHE

Ongi etorri, bienveníus, benvidos: So heißt man Sie auf Baskisch, Asturisch und Galicisch willkommen. Verwirrung ist also angesagt, denn neben dem „Castellano", dem kastilischen Hochspanisch, sind Baskisch, Galicisch, Katalanisch und Valencianisch offizielle Sprachen. Publikationen und Webseiten erscheinen meist zweisprachig. Mit Ausländern wird in der Regel Hochspanisch gesprochen. Wer kein Spanisch kann, kommt zum Teil mit Französisch und immer häufiger mit Englisch weiter.

TELEFON

Bei Telefonaten von Spanien ins Ausland wird 00 und die Länderkennzahl vorgewählt. Deutschland: 49, Österreich: 43, Schweiz 41. Die Vorwahl nach Spanien lautet 00 34. Spanische Telefonnummern sind neunstellig, es müssen immer alle neun Ziffern gewählt werden. Ist die erste Ziffer eine 9: Festnetz, 6: Mobilfunk. Telefonnummern, die mit 90 oder 80 beginnen, sind Servicenummern und je nach Anbieter gratis oder gebührenpflichtig.

Telefonzellen werden mit Münzen oder mit Telefonkarten (trajeta telefónica; in Tabakläden – estancos – erhältlich) bedient.

Wetterdaten

Santiago de Compostela

	TAGES-TEMP. MAX.	NACHT-TEMP. MIN.	TAGE MIT NIEDER-SCHLAG	SONNEN-STUNDEN PRO TAG
Januar	12°	6°	18	3
Februar	12°	6°	16	4
März	12°	6°	16	4
April	15°	6°	16	5
Mai	18°	10°	12	6
Juni	21°	12°	8	7
Juli	24°	14°	6	8
August	25°	15°	8	7
September	23°	14°	11	5
Oktober	19°	11°	13	4
November	15°	8°	17	3
Dezember	12°	15°	18	2

Jenseits des geistigen Wohls wird in Santiago de Compostela auch für das leibliche gesorgt. Zum Glück.

Register

Impressum

1. Auflage 2010
© DuMont Reiseverlag, Ostfildern

Verlag: DuMont Reiseverlag, Postfach 3151, 73751 Ostfildern, Tel. 0711/4502-0, Fax 0711/4502-135, www.dumontreise.de
Geschäftsführer: Dr. Thomas Brinkmann, Dr. Stephanie Mair-Huydts
Programmleitung: Birgit Borowski
Redaktion: Robert Fischer (www.vrb-muenchen.de)
Text: Cordula Rabe
Exklusiv-Fotografie: Arthur F. Selbach
Zusätzliches Bildmaterial: S. 7 („Islas Atlanticas") Bildagentur Huber/von Dachsberg, 39 (3) Cordula Rabe, 53 unten Thomas Ernsting/laif, 63 unten Cordula Rabe, 65 (2) Cordula Rabe, 75 unten age fotostock / LOOK-foto, 79 (2) Cordula Rabe, 89 Mitte unten Cordula Rabe, 110 links unten Cordula Rabe, 111 unten, Mitte age fotostock / LOOK-foto
Grafische Konzeption, Art Direktion und Layout: fpm factor product münchen
Kartografie: © MAIRDUMONT GmbH & Co. KG, Ostfildern
DuMont Bildarchiv: Marco-Polo-Straße 1, 73760 Ostfildern, Tel. 0711/4502-266, Fax 0711/4502-1006, a.nebel@mairdumont.com

Für die Richtigkeit der in diesem DuMont Bildatlas angegebenen Daten – Adressen, Öffnungszeiten, Telefonnummern usw. – kann der Verlag keine Garantie übernehmen. Nachdruck, auch auszugsweise, nur mit vorheriger Genehmigung des Verlages. Erscheinungsweise: monatlich.

Anzeigenvermarktung: MAIRDUMONT MEDIA, Tel. 0711/4502333, Fax 0711/45021012, media@mairdumont.com, http://media.mairdumont.com
Vertrieb Zeitschriftenhandel: PARTNER Medienservices GmbH, Postfach 810420, 70521 Stuttgart, Tel. 0711/7252-212, Fax 0711/7252-320
Vertrieb Abonnement: Leserservice DuMont Bildatlas, Zenit Pressevertrieb GmbH, Postfach 810640, 70523 Stuttgart, Tel. 0180/5727252-265, Fax 0180/5727252-333, dumontreise@zenit-presse.de
Vertrieb Buchhandel und Einzelhefte: MAIRDUMONT GmbH & Co KG, Marco-Polo-Straße 1, 73760 Ostfildern, Tel. 0711/4502-0, Fax 0711/4502-340
Reproduktionen: PPP Pre Print Partner GmbH & Co. KG, Köln
Druck und buchbinderische Verarbeitung: NEEF + STUMME premium printing GmbH & Co. KG, Wittingen, Printed in Germany

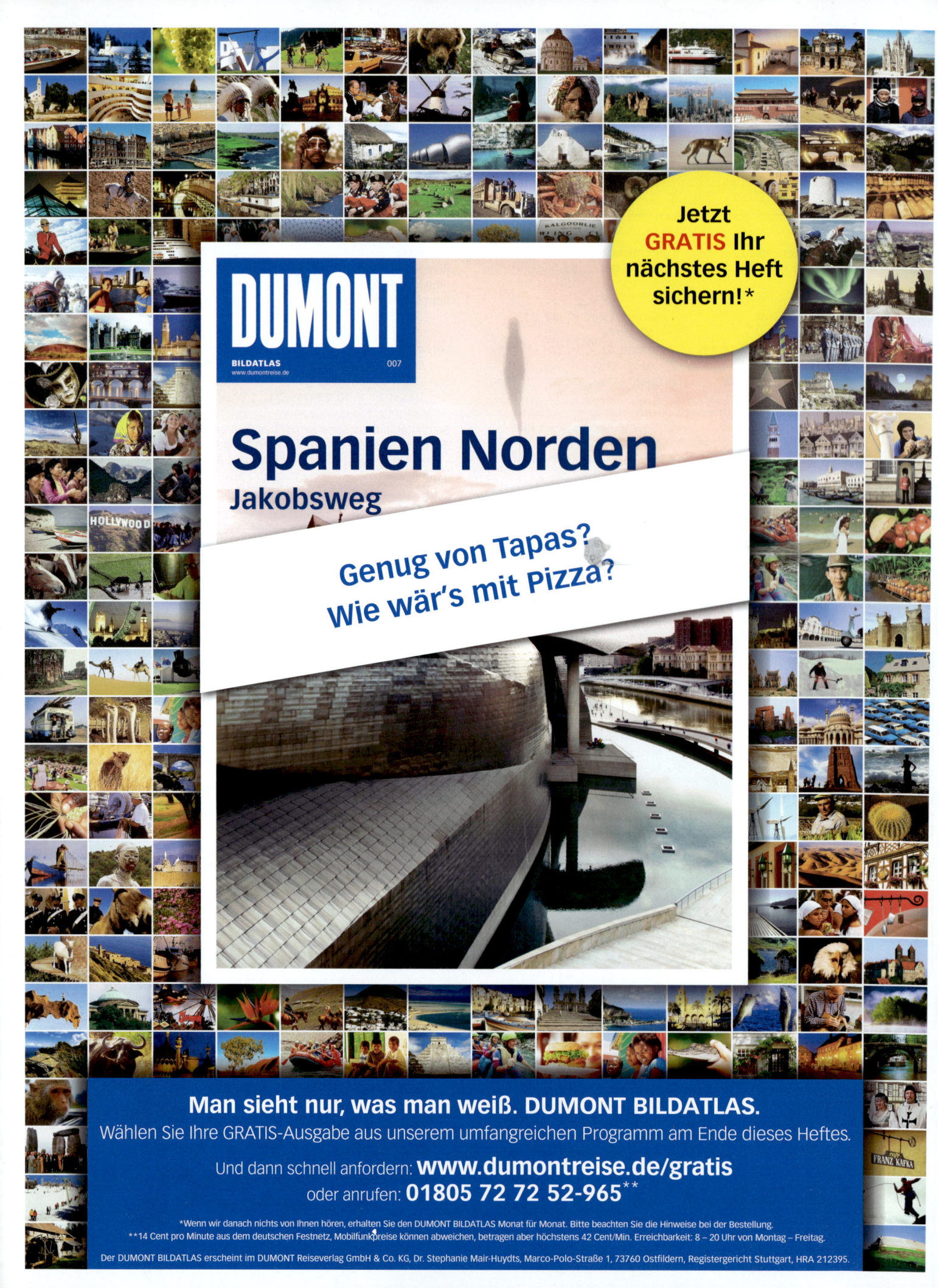